KB113320

당신은 완전히 충전됐습니까?

ARE YOU FULLY CHARGED?

당신은 완전히 충전됐습니까?

당신의 일과 삶에 에너지를 불어넣어 줄 3가지 열쇠

톰 래스 지음 | 엄성수 옮김

"세상은 에너지 넘치는 사람들의 것이다!"

하버드, 와튼스쿨, 예일, 스탠퍼드 등 최고 석학들이 수십 년간 연구한 결과

WINNER'S BOOK

당신은 완전히 충전됐습니까?

초판 1쇄 발행 2015년 10월 10일

지은이 | 톰 래스
옮긴이 | 엄성수
발행인 | 홍경숙
발행처 | 위너스북

경영총괄 | 안경찬
기획편집 | 노영지, 임소연

출판등록 | 2008년 5월 2일 제310-2008-20호
주소 | 서울 마포구 합정동 370-9 벤처빌딩 207호
주문전화 | 02-325-8901
팩스 | 02-325-8902

디자인 | 썸앤준
제지사 | 한솔PNS(주)
인쇄 | 영신문화사

ISBN 978-89-94747-49-1 03190

* 책값은 뒤표지에 있습니다.
* 잘못된 책이나 파손된 책은 구입하신 서점에서 교환해 드립니다.
* 위너스북에서는 출판을 원하시는 분, 좋은 출판 아이디어를 갖고 계신 분들의 문의를 기다리고 있습니다.
winnersbook@naver.com | tel 02) 325-8901

이 도서의 국립중앙도서관 출판예정도서목록(CIP)은 서지정보유통지원시스템 홈페이지(http://seoji.nl.go.kr)와
국가자료공동목록시스템(http://www.nl.go.kr/kolisnet)에서 이용하실 수 있습니다.(CIP제어번호: CIP2015025720)

평생 다른 사람들에게 긍정적인 기운을 불어넣으신
어머니 코니 래스Connie Rath께
이 책을 바칩니다.

차례

3부 에너지

당신은 완전히 충전됐는가?

에너지가 완전히 채워졌을 때 우리는 더 많은 일을 해낼 수 있다. 꽉 채워진 사람은 주변 사람들과의 관계에서도 더 적극적이다. 마음은 맑고 몸도 강하다. 완전히 충전된 날에는 일에 대한 몰입도도 행복감도 더 커지는 걸 경험하게 된다. 이 같은 충전감 내지 충만감은 주변 사람들에게 전달되고 다시 또 그 주변 사람들에게 전달되어, 지속적인 상승 작용을 일으키게 된다.

내 경우, 에너지가 완전히 충전된 날에는 일도 훨씬 더 효율적으로 잘된다. 그뿐 아니라 더 좋은 남편, 더 좋은 아빠, 더 좋은 친구가 된다. 가장 중요한 건 다른 사람들을 위해 더 많은 일을 할 수 있게 된다는 것이다. 그러나 사실 얼마 전까지만 해도 나는 대체 어떤 행동들이 우리의 삶에 그런 충전감 내지 충만감을 주는지 확신하지 못했다.

나는 평생을 직장에서의 업무 몰입도와 건강, 그리고 행복에 대해 연구했다. 그런 주제들로 여러 권의 책도 썼지만, 개인적으로 가장 힘들었던 문제는 그 연구 결과들을 어떻게 나의 일상생활에 접목할까 하는 것이었다. 자신의 행동에 변화를 주지 못하는 지식이란 아무짝에도 쓸모없는 지식일 테니 말이다.

다행히도 최근 들어 사람들의 '일상의 행복' 문제를 집중적으로 다루는 새로운 연구 방식들이 나타나고 있다. 그간의 경험에 비추어보건대, 사람들에게 이런저런 질문을 던지고 계속 그들의 행동을 추적하고 관찰하는 연구 방식은 시간도 오래 걸리고 비용도 많이 든다.

물론 그 덕에 연구원들은 사람들의 일과 삶에 대한 광범위하고 일반적인 정보를 수집할 수 있었다. 지난 세기에 행복에 대한 연구는 대부분 사람들에게 몇 년 또는 몇십 년간의 삶에 대해 이런저런 질문을 던지는 방식으로 행해졌다.

평생 겪은 일들을 생각해보라는 요청을 할 경우, 사람들이 가장 먼저 떠올리는 것은 건강과 부 같은 광범위한 개념들이다. 문제는 건강과 부 같이 일반적인 개념들은 실생활에 적용하는 게 쉽지 않아 사람들의 일상적인 삶을 개선하지 못한다는 데 있다. 건강은 여러 해 동안의 일들이 누적된 결과이다. 부 역시 며칠 만에 만들어지지 않는다. 삶에서 중요한 것이 무언지를 알아내는 다른 방법이 필요한 이유이다.

일상 경험의 과학

과거와 비교하면 요즘은 사람들의 행동을 추적, 관찰하는 데 들어가는 시간과 비용이 현저히 낮아졌다. 날마다 기준으로 하든, 특정 순간을 기준으로 하든, 사람들의 생각과 감정과 행동을 분석하는 일 또한 훨씬 쉬워졌다.

　새로운 기술 덕에 과학자들은 사람들에게 하루 중 어떤 시간에 무얼 하는지, 누구와 함께하는지, 또 어떤 활동을 얼마나 즐기는지 등, 그야말로 모든 걸 물어볼 수 있다. 또한 몸에 착용하는 각종 '웨어러블 기기'와 센서들 덕에 일일이 묻지 않고도 그걸 착용한 사람이 어떤 일을 하고 있는지 다 알 수 있다.

　이런 기술들과 혁신적인 연구 방식들로 우리는 '일상의 행복'에 꼭 필요한 요소들에 대한 지식을 빠르게 넓혔다. 연구원들은 일상의 행복을 '일상 경험'이라 부르는데, 이는 매일 겪는 긍정적인 경험과 부정적인 경험(또는 긍정적인 영향과 부정적인 영향)을 총칭한다. 일상 경험은 사람들에게 어떤 특정한 날에 행복이나 즐거움, 스트레스 같은 감정을 느끼는지를 물어서 파악한다.

일상의 행복과 전반적인 삶의 만족도는 엄연히 다르다. 그래서 행복을 위해 투자해야 하는 이상적인 시간 및 돈과 삶의 만족도를 위한 이상적인 시간 및 돈 역시 구분되어야 한다.

예를 들어 삶의 만족도를 나타내는 전통적인 척도에 따르자면, 수입을 늘리기 위해 최대한 많은 에너지를 쏟으라고 권할 수도 있다. 그러나 삶의 만족도는 수입이 증가하면 계속(거의 무한정) 늘어나긴 하지만, 일정한 수준에 도달하면 그 이후엔 아무리 많은 돈을 벌어도 일상 경험에 변화가 없다.

미국의 경우, 연간 가계 소득이 7만 5,000달러에 도달한 이후에는 '일상의 행복'이 거의 커지지 않았다. 사람들은 7만 5,000달러라는 수치에 많은 관심을 보인다. 하지만 정작 일상의 행복이 커지는 것은 가계 소득이 4만 달러 이하일 때라는 사실은 간과하는 경우가 많다. 즉, 기본적인 의식주 문제를 해결하고 이런저런 근심 걱정에서 벗어나려면 일정 수준의 소득이 꼭 필요하지만, 일단 그 기본적인 소득 수준에 도 달하고 나면 더 많은 돈을 번다고 해도 하루하루가 더 행복 한 날들로 이어지지는 않는다.

일상의 행복에 대한 연구가 진행되면서 부유한 국가의 국민이 더 행복하다는 통념도 뒤집히고 있다. 과거에는 삶의 만족도 조사를 할 경우, 부유한 국가의 국민이 대개 상위에 올랐다. 그러나 갤럽에서 138개국의 국민에게 일상 경험에 대해 물었을 때 결과가 전혀 다르게 나왔다.

가장 '긍정적인 경험' 점수를 딴 국가는 놀랍게도 부의 기준(1인당 국내총생산 기준)에서 세계 105위밖에 안 되는 파라과이였다. 그리고 일상의 행복 지수 측면에서 상위 5위에 속한 국가들 가운데 네 국가가 가장 부유한 국가 목록에서 중간 이하에 속한 국가들이었다.

내게 이 같은 연구 결과는 아주 고무적인데, 그것은 일상의 행복이 부의 축적이나 부유한 국가에 사는 것과는 다른 문제라는 걸 보여주기 때문이다. 내 경우, 장기적인 삶의 만족도와 일상 경험의 차이에 관해 많은 걸 알게 되면서, 후자의 중요성을 더욱 실감하게 되었다. 그래서 나에게는 앞으로 10년 후 전반적인 삶의 만족도가 어떨까 하는 것보다는 오늘 아내와 아이들과 시간을 함께 보내며 웃고 즐기는 게 훨씬 더 중요하다. 그리고 타인을 도와 매일매일 더 좋은 경험을 하도록 해주는 것이 장기간에 걸친 그들의 삶의 만족도를 높여주는 것보다 실현 가능성이 더 높다.

물론 당신의 전반적인 삶의 만족도는 중요하다. 그러나 몇 년 또는 몇십 년 동안이 아니라 순간순간 그리고 매일매일 의미 있는 변화를 만들고, 지금 하고 있는 일에 집중할 때, 자신은 물론 다른 사람들을 행복하게 만드는 일도 더 쉬워진다. 오늘 소소하면서도 의미 있는 행동들을 하는 것이 변화를 만들어가는 최선의 방법이다. 그리고 길게 보면 결국 오늘의 소소한 변화들이 모여 훗날 중요한 결과들에 이르게 된다.

완전한 충전에 필요한 세 가지 열쇠

완전한 충전에 이르는 길을 찾아내기 위해 나와 내 연구팀은 수없이 많은 논문과 학계 연구를 검토했으며, 세계적인 사회과학자들 여러 명과 인터뷰도 했다. 그 과정에서 우리는 일상 경험을 향상해줄 2,600개 이상의 아이디어를 찾아내 그 목록을 만들었다. 그리고 그 많은 아이디어를 가장 널리 입

증되고 현실에 적용 가능한 전략들로 범위를 좁혀보니, 몇 가지 눈에 띄는 패턴들이 드러나기 시작했다. 그 패턴들을 다시 또 정리하니 다음과 같은 세 가지 핵심 요소로 좁혀졌다. 이 세 가지 요소 때문에 에너지가 완전히 충전된 날과 그렇지 않은 날들이 확연히 달라진다.

- 의미: 다른 사람에게 도움이 되는 어떤 일을 하는 것
- 대인관계: 부정적인 순간보다는 긍정적인 순간을 훨씬 더 많이 만드는 것
- 에너지: 당신의 정신 및 육체 건강을 더 좋아지게 만드는 선택을 하는 것

우리는 1만 명 이상을 상대로 위의 세 가지 영역과 관련해 어떻게들 살아가고 있는지 설문조사를 했고, 그 결과 대부분의 사람들이 매일매일 악전고투를 벌이고 있다는 걸 알게 됐다. 예들 들어 우리가 어제 종일 했던 일을 생각해보라고 했을 때, 많은 에너지를 쏟았다고 답한 사람은 전체 응답자의 11퍼센트에 불과했다. 그러니까 대부분의 사람들이 자기 능력을 충분히 발휘하지 못한 채 하루하루를 지내고 있다.

이처럼 사람들은 현재 각자 하는 일을 그리 효율적으로 하고 있지 못하다. 친구나 가족들과의 대인관계 또한 최선의 상태와는 거리가 멀다. 게다가 매일매일 너무 과한 스트레스가 쌓이고 지나치게 활동량이 적어, 육체적 건강까지 점점 더 악화되고 있다. 이제 뭔가 변화를 꾀해야 할 때가 된 것이다.

좋은 소식이 있다면, 그렇다고 의미를 찾기 위해 숲 속 휴양지로 가야 할 필요는 없다는 것이다. 더 나은 대인관계를 위해 칵테일 파티에서 새로운 친구들을 찾아야 할 필요도 없으며, 육체적 에너지를 얻기 위해 마라톤을 하거나 다이어트를 시작할 필요도 없다. 일상의 행복을 위한 가장 큰 변화들도 몇몇 소소한 일들로 시작되는 것이다.

1부

의미

어제 뭔가 의미 있는 일을 하는 데
많은 시간을 쓴 사람은
20퍼센트밖에 안 된다.

조그만 성취를 통해
의미를 만들어내라
— Chapter 01

오늘 어떤 일을 해야 삶에 변화를 줄 수 있을까?

10대 시절부터 나는 이렇듯 자못 심각한 질문을 스스로 던지기 시작했다. 그건 내가 남들보다 조숙하다거나 깨어 있어서가 아니었다. 열여섯이란 어린 나이에 암 판정을 받았기 때문이다. 커다란 종양 때문에 왼쪽 눈을 실명한 뒤, 담당 의사들은 내가 종양 억제 유전자가 제 기능을 못 하는 희귀한 유전 질환을 앓고 있는 게 아닌가 의심했다. 그리고 혈액 검사 결과 VHL, 즉 종양 억제 유전자에 변이가 일어나 결국 전신에 종양이 퍼지게 될 거라는 게 확인됐다. 그러니까 나는 유전적으로 최악의 상태를 물려받은 것이다.

담당 의사들은 내게 남은 평생을 매년 일주일 동안 병원에 머물러 각종 스캔을 찍고 검사를 받아야 한다고 했다. 그리고 그 덕에 지금까지도 내 담당 의사들은 눈은 물론 신장과 췌장, 부신, 척추까지 번진 내 몸속 암 덩어리들을 추적해 필요한 화학 요법들을 쓰고 있다. 그러나 그간 거의 늘 그랬지만 몸 상태만 괜찮다면 나는 일주일의 마지막 날, 12개월의 삶을 더 연장받으면서 병원을 떠나게 된다.

그렇게 매년 삶을 보장받으면, 그러니까 새로운 1년의 삶을 더 얻고 나면, 나는 새로운 에너지로 매일 뭔가 변화 있는 삶을 살려 애쓴다. 처음 암 진단을 받은 이후의 일들을 되돌아볼 때 가장 놀라운 점은, 나의 하루하루의 행복이 암 진단으로 인해 그 어떤 악영향도 받지 않았다는 것이다. 오히려 암이라는 위협 속에서 나는 더없이 중요한 작은 일들에 훨씬 많은 시간을 쏟을 수 있었다.

암 진단을 받은 지도 벌써 23년이 지났다. 그리고 매년 새로 연장하는 삶을 살아오면서 나는 내 삶의 대부분을 더 오래 지속할 일들을 하는 데 써왔다. 그러니까 각종 연구와 집필 활동을 하고 인간관계를 쌓고 내 아이들과 함께 시간을 보내면서, 나는 그 모든 시간을 내가 죽어 없어져도 계속 커나갈 미래에 대한 투자로 보고 있다. 매일매일 뭔가 의미 있는 작은 일들을 하려 애쓰다 보니, 내 힘으로 어쩔 수 없는 유전 질환에 매달려 허송세월하는 일도 없다. 또한 그런 과정에서 죽음 앞에 전전긍긍하기보다는 삶에서 훨씬 더 많은 것들을 배우고 있다. 중요한 건 자신의 남은 삶이 몇 날 더 계속될지 아니면 몇 년 또는 몇십 년 더 계속될지는 아무도 모른다는 것이다.

그간 각종 연구와 개인적인 경험을 통해 나는 뭔가 의미 있는 일을 하는 것은 내 존재의 토대일 뿐 아니라, 오늘날 이 사회 모든 조직의 토대이기도 하다는 사실을 알게 됐다. 지금 각 기업체와 학교, 정부, 가정, 그리고 종교 집단은 그 어느 때보다도 어떻게 사회에 의미 있는 기여를 할 수 있는지 보여주어야 한다는 도전 과제에 직면해 있다.

오늘날 사람들이 자신이 하는 일에서 진정 바라는 것은 뭔가 다른 사람들에게 의미 있는 일을 하는 것이다. 내 연구에 따르면 하루하루 의미 있는 일을 하기 위해 많은 시간을 쏟다 보면, 자기 일에 완전히 몰입할 가능성 또한 250퍼센트 이상 증가한다.

더 나은 일과 삶을 영위하는 데 필요한 것이 무언지를 밝히기 위해, 하버드대학교 경영대학원의 테레사 아미빌레Teresa Amabile와 심리학 교수 스티븐 크래머Steven Kramer는 서로 다른 7개 기업에 근무하는 직원 238명이 작성한 1만 2,000건의 근무 일지 내용과 6만 4,000건의 사내 행사 내용을 자세히 분석해 보았다. 그 결과 두 사람이 얻은 결론은 이런 것이었다.

"사람들이 근무 시간에 몰두한 그 모든 일들 가운데 가장 중요한 일 한 가지를 꼽으라면, 그건 뭔가 의미 있는 일에서 진전을 보는 것이다."

또한 두 사람의 연구 결과는 뭔가 의미 있는 일을 하는 것이 어느 날 갑자기 무릎 위에 떨어지는 거창한 목표가 아니라 하루하루 발전해나가는 과정이라는 걸 보여준다.

조그만 성취들이 모여 의미 있는 발전이 만들어진다. 그러니까 오늘 당신의 고객 중 한 명에게 긍정적인 기운을 불어넣어 줄 조그마한 일을 할 수도 있고, 장차 많은 사람에게 도움이 될 새로운 제품을 만들어낼 수도 있을 것이다. 아니면 주말에 사랑하는 사람과 오랜 시간 이마를 맞대고 앉아 삶에 변화를 줄 대화를 나눌 수도 있을 것이다. 거창한 행동들이 아니라 이처럼 사소한 순간들이 모여 뭔가 의미 있는 것이 만들어진다.

행복 추구를 포기하라

삶을 가치 있게 만드는 것은 행복이 아닌 의미의 추구이다. 토마스 제퍼슨Thomas Jefferson은 '행복 추구'를 미국 독립선언 문에까지 포함시켰지만, 사실 '행복 추구'는 근시안적인 목표이다. 자신의 행복을 선행보다 중요시할 경우 길을 잃고 헤맬 수 있다.

평생 행복을 찾아 헤매는 사람은 행복을 찾지 못하는 법이다. 또한 부나 명예와 마찬가지로, 행복만을 추구하는 것은 그릇된 결정들에 이르기 쉽다.

물론 행복은 긍정적인 상태이다. 그리고 더 행복한 사람들이 주변에 있다면, 그렇지 않은 사람들이 주변에 있는 것보다 더 즐거울 수 있다. 단지, 우리를 잘못된 길로 빠지게 만드는 것은 주야장천 자신의 행복만 추구하는 것이다. 물론 우리가 사랑하는 사람들이나 지역 사회의 행복을 위해 노력한다면 그건 가치 있는 목표이다. 그러나 최근 연구들에 따르면, 자신의 행복만을 위해 노력하다 보면 부작용이 초래할 수도 있다.

지금 과학자들은 행복을 추구하는 것이 왜 부작용을 초래할 수 있는지 그 이유를 밝히는 중이다. 이유들 중 하나는 행복 추구 속에 담겨 있는 자기중심적인 특성이다. 연구에 따르면 자신의 행복에 큰 가치를 두면 둘수록 매일 더 큰 고독감을 느끼게 될 가능성이 높다고 한다. 실험 참가자들로 하여금 의도적으로 행복의 이점들을 찬양하는 거짓 기사들을 읽게 해 행복을 더 중시하게 유도했더니, 그들 중 상당수가 고독감을 호소했다. 그리고 그들의 침 샘플을 조사했더니, 고독감에 영향을 주는 호르몬인 프로게스테론 수치가 줄어들었다고 한다.

게다가 오로지 자기 자신의 행복만 추구하다 보면, 자칫 허무감에 휩싸이기 쉽다. 그러나 행복 추구에 쏟는 시간만큼 많은 시간을 의미 있는 대인관계 구축에도 쏟는다면, 두 마리 토끼를 다 잡을 수도 있다.

삶의 수심 깊은 곳에서 헤엄쳐라

행복과 의미는 인간의 두 가지 생존 조건이다. 이 두 조건은 서로 겹치는 면들도 있지만, 사람들이 시간을 어떻게 보내는지를 보면 그 차이점들이 분명히 드러난다. 예를 들어 행복을 추구하는 사람들을 심리학자들은 '받는 사람들'이라 부른다. 로이 바우마이스터Roy Baumeister와 그의 연구팀은 이 주제에 대해 집중적으로 연구한 뒤 이런 말을 했다.

"의미 없는 행복을 추구하는 사람들은 대개 그 깊이가 얕고 자신에게만 관심 있으며 이기적이기까지 한 삶을 삽니다."

그 연구에 참여했던 캐슬린 보스Kathleen Vohs는 이렇게 덧붙였다.

"반면에 의미 있는 삶을 사는 사람들은 다른 사람들에게 주는 데서 많은 기쁨을 누립니다."

로이 바우마이스터는 인간이 다른 동물들과 다른 점은 행복을 추구하는 게 아니라 의미를 추구한다는 것이라고 말한다. 어떤 경우에 의미 있는 삶을 산다는 건 다른 사람이 원하는 것을 내가 원하는 것보다 우선한다는 것을 뜻하며, 그래서 단기적으로는 행복이 줄어들 수도 있다. 그러나 그렇게 할 경우, 주변 환경을 개선하는 데 기여할 수 있다.

행복과 의미는 생리학적 건강에도 눈에 띄는 영향을 주는 것
으로 알려져 있다. 노스캐롤라이나대학교의 바바라 프레드
릭슨Babara Fredrickson 교수가 한 연구를 실시했다. 참여한
사람들은 자신의 참모습보다 더 큰 목적을 추구함으로써
행복하지만 의미 없는 삶을 살고 있었다. 건강과 관련하여,
그들은 염증 반응을 일으키는 것으로 알려진 스트레스 관련
유전자 패턴이 활성화됐으며, 또 끊임없이 역경에 시달린 사
람들이 나타내는 것과 동일한 유전자 발현 패턴도 보였다.
그런 패턴은 시간이 지나면 심장 질환과 암 같은 각종 질환
을 유발하는 만성 염증으로 이어지게 된다.

바바라 프레드릭슨 교수는 이렇게 말했다.

"의미 없는 행복은 역경과 마찬가지로 사람 몸에 안 좋습
니다."

불행히도 바바라 프레드릭슨 교수의 연구에 참여했던 사
람들 가운데 75퍼센트가 이런 범주에 속했다. 그러니까 삶에
의미는 별로 없고 행복 수준만 높았던 것이다. 반면에, 스스
로 행복하다고 느끼든 그렇지 않든 의미 있는 삶을 살고 있

는 참여자들은 스트레스 관련 유전자 패턴이 활성화되지 않았다. 그러니까 그들의 몸에서는 스트레스에 시달리는 사람들 몸에서 볼 수 있는 반응들이 나타나지 않은 것이다.

의미 있는 활동에 참여하게 되면, 자신과 자신에게 순간순간 필요한 것들에 대한 생각 수준 자체를 높여준다. 그리고 자기의 행복보다 다른 사람들의 행복을 더 중시하면, 결국 가정은 물론 자신이 속한 단체와 지역사회의 행복도 더 커진다. 결론적으로 말해, 자기 자신의 행복과 '성공'만 추구하는 수준을 넘어서는 것이다. 자기 자신의 삶과 다른 사람들의 삶을 의미 있게 만드는 것, 그것만이 오래오래 지속된다.

삶과 자유와 의미를
추구하라
— Chapter 02

삶의 의미를 찾는 과정은 개인적인 여정으로 묘사되어지곤
했다. 그러니까 삶의 의미는 개인적으로 열심히 찾아 나설
때만 발견할 수 있다고 믿어져 온 것이다. 또한 삶에서 더 높
은 목표를 찾는 것은 인간의 궁극적인 존재 목표이자 철학
적인 목표로 여겨지기도 한다.

빅터 프랭클이 1946년에 발표한 기념비적인 책 《죽음의
수용소에서》는 나치 집단 수용소에서 직접 겪은 일들을 시
간 순서대로 기록한 책으로, 의미에 대한 연구에 많은 영향
을 주었다. 그 책은 빅터 프랭클 자신과 다른 죄수들이 더없
이 절망적인 상황 속에서도 뭔가 의미 있는 것을 찾아냄으로

써 끝내 죽음을 이겨낸 과정을 자세히 그리고 있다. 집단 수용소 안의 상황은 워낙 끔찍했기 때문에 단순히 매일 참고 견디는 것만으로는 절대 살아남기 힘들었을 것이다.

나중에 알게 된 사실이지만, 빅터 프랭클이 삶에서 의미를 찾기 시작한 것은 집단 수용소에 감금되기 몇 년 전, 그러니까 그가 의대에 재학 중이던 시절의 일이었다. 우울증을 앓고 있는 십대들의 자살을 막기 위해 삶에서 의미를 찾는 일을 시작한 것이다. 당시 그는 스스로 '의미 치료'라 부른 치료법을 개발했다. 그 치료법의 핵심은 사람들을 도와 의미 있는 삶을 살도록 목표와 실천 방법들을 찾게 해주는 것이었다. 그는 이렇게 설명했다.

"행복은 추구하는 게 아니라, 저절로 따라와야 하는 것입니다. 그리고 행복해지려면, 행복해져야 할 이유가 있어야 합니다."

그가 집단 수용소 내에서 동료 죄수들을 돕기 위해 쓴 것이 바로 그 치료법이었다.

젊은이들로 하여금 의미를 찾게 해주려는 빅터 프랭클의 이론은 현재 주도면밀하게 계획된 실험들을 통해 테스트되고 있는 중이다.

2014년 한 연구팀은 우울증을 앓고 있는 십대들을 1년 내
내 추적·관찰하면서, fMRI(기능성 자기공명영상) 스캔과 설
문을 통해 뭔가 의미 있는(행복을 가져오는) 행동에 대한 뇌
의 반응과 자기충족적인(쾌락적인) 행동에 대한 뇌의 반응이
어떻게 다른지를 살펴보았다. 실험 참여자들이 fMRI 스캐너
안에 누워 있는 동안, 연구진은 그들에게 돈을 혼자 갖는 시
나리오와 가족들에게 나눠주는 시나리오를 제시했다. 그리
고 연구진은 그해 말에 그 십대들의 우울증에 어떤 차도가
생겼는지를 면밀히 관찰했다.

그 결과, 의미 있는 행동에 뇌가 가장 큰 반응을 보인 사
람일수록 그 기간 중에 우울증 증세가 가장 많이 완화되었
다. 반면에, 더욱 자기충족적인 성향의 결정을 내렸던 십대들
은 오히려 우울증 증세가 악화되었다. 의미 있는 행동이 뇌
가 어두운 생각을 하지 못하게끔 막아주는 것이다. 빅터 프
랭클이 그랬던 것처럼, 사람들은 대개 젊은 시절에 뭔가 의미
있는 일을 해야겠다는 필요성을 느끼기 시작한다.

내면부터 충전시켜라

우리에게 의미 있는 일을 할 힘을 주는 것은 외적 동기가 아닌 내적 동기이다. 동기에는 외적 동기와 내적 동기가 있는데, 외적 동기란 주로 뭔가 보상을 바라고 움직이게 만드는 동기이다. 예를 들어 당신은 더 많은 연봉과 더 나은 복리후생 제도들을 바라며 직장을 옮길 수 있다. 그런 다음 다른 누군가가 세워놓은 임의의 목표를 달성하기 위해 주당 60시간씩 죽어라 일을 하는 것이다. 그래도 몇 년 후 누군가 당신 이력서를 자신의 동기 기준에서 본다면 괜찮아 보일 것이다.

그러나 내적 동기, 그러니까 내면 깊은 데서 우러나오는 동기는 외적 동기보다 훨씬 풍요롭다. 예를 들어, 학생의 성장을 위해 애쓰는 교사나 환자의 건강을 위해 뛰는 의사를 생각해보라. 이처럼 내적 동기는 뭔가 의미 있는 일을 할 때 생겨난다. 보상이나 이득이 전혀 없이도 자신이 진정 하고 싶은 일을 하게 되는 것이다.

최근의 연구 결과에 따르면, 외적 동기는 배제하고 내적 동기에만 집중하는 것이 더 좋다고 한다. 외적 동기에 따라 움직일 경우 성취도가 떨어질 수 있기 때문이다.

예일대학교의 에이미 브제스니예프스키Amy Wrzesniewski 교수가 이끄는 연구팀은 14년간 미국 웨스트포인트 사관학교를 다닌 1만 1,320명의 생도들을 대상으로 그들이 사관학교에 입학하게 된 동기를 분석했으며, 그 결과 놀라운 사실을 발견했다. 내적 동기 때문에 사관학교에 입학한 생도들이 외적 동기 때문에 입학한 생도들보다 졸업도 더 많이 했고 장교 임관도 더 많이 했으며 승진도 더 빨랐고 군복무도 더 오래한 것이다. 그러나 강한 내적 동기(예를 들면 다른 사람들을 지휘하고 싶다는 욕망)와 강한 외적 동기(예를 들어 더 좋은 일자리와 더 많은 연봉)로 입학한 생도들은 그렇지를 못했다.

연구팀이 처음에 예상했던 것과는 달리, 내적 동기와 외적 동기를 모두 가진 생도들이 그 모든 면에서 내적 동기만 가진 생도들만 못했던 것이다. 그 같은 결과를 보고 연구팀은 향후 생도를 모집할 때 학비 지원이나 직업 훈련 측면보다는 다른 사람들을 지휘하고 나라에 봉사하는 측면을 더 강조해야 하는 게 아닌가 하는 의문을 제기했다.

또한 연구팀은 다른 분야들에서 적용되고 있는 비슷한 일반 논리에도 의문을 제기했다. 예를 들어 교육 분야에서, 학생들의 시험 점수를 많이 올린 교사들에게 보너스를 지급해 동기부여를 하는 관행 등에 의문을 제기한 것이다.

"사람들로 하여금 금전적인 보상 같은 것보다는 자신이 하는 일의 의미와 그 파급 효과에 더 신경 쓰도록 하는 게 바람직합니다. 그게 얼핏 보기에는 직관에 반하는 것 같아도, 실제 하는 일의 질도 높이고 금전적인 이익도 보장해주는 최선의 방법일 수 있거든요."

에이미 브제스니예프스키 교수와 공동 저자인 배리 슈바르츠Barry Schwartz 교수의 말이다. 이 같은 사실이 특히 중요한 이유는, 금전적 보상 같은 외적 인센티브들이 오히려 능력을 다른 사람들을 위해 의미 있게 쓰는 걸 방해할 수도 있기 때문이다.

여기서 한 가지 어려운 점이 있다. 바로 내적 동기를 싹 틔우고 그걸 키워나가려면 종종 의식적인 노력이 필요하다는 것이다. 이 문제를 연구하기 위해 한 연구팀은 일련의 작가들을 상대로 설문조사를 실시했다. 그리고 집필 활동을 시작하게 된 내적 동기나 외적 동기를 떠올리게 했다. 그랬더니 내적 동기에 대한 생각을 먼저 한 작가들의 경우, 후속 작품이 훨씬 더 창의적이라 평가됐다. 반면에 외적 동기에 대한 생각을 한 작가들의 경우, 그 반대 현상이 일어났다.

이것이 당신이 하는 일에 미치는 영향을 생각해보라. 당신이 전통적인 '당근과 채찍'식 동기에 따라 움직일 경우, 처음엔 효과가 있을지 몰라도 그 효과가 오래 지속되지 못한다. 그러니 매일매일 내적 동기를 유발하는 이런저런 소소한 방법들을 찾아보라.

내 경우에는 스마트폰 바탕 화면과 책상 위에 아이들 사진을 놓아두는 것이 아주 좋은 동기부여가 된다. 출판사에 근무하는 나의 한 친구는 자신이 출간한 책들을 얼마나 많은 사람들이 읽고 있는지를 보여주는 주간 보고서를 통해 동기를 부여받고 있다. 런던 지하철역 승무원인 제임스 앨런 James Allen은 냉담한 승객들까지 미소 짓게 하는 일에서 동기를 부여받고 있다. 물론 당신의 내적 동기는 주변 사람들의 내적 동기와는 다른 경우가 많을 것이다. 내적 동기는 보편적이기보다는 개인적이기 때문이다.

당신의 내적 동기를 충족시켜줄 업무 외 활동들을 찾아보도록 하라. 한 연구에 따르면, 직원들로 하여금 업무와 무관한 창의적 활동, 그러니까 창작 활동이나 기타 예술적인 활동을 하게 할 경우, 직장에서의 업무 능력이 더 향상된다고 한다.

엑세터대학교 연구팀은 직장을 화초나 미술 작품 또는 사랑하는 사람들의 사진들로 장식하기만 해도 생산성이 32퍼센트나 올라간다는 사실을 밝혀냈다. 구글 같은 기업들이 직원들로 하여금 직장을 집처럼 편하게 여기게 만들려 애쓰는 것도(다른 사람들 눈에는 엉망으로 느껴질지 몰라도) 바로 이 때문이다.

순간순간 의미를 만들어라

의미는 저절로 생기는 것이 아니라 스스로 만드는 것이다. 사회 경력을 잘 쌓고 삶을 제대로 살려면, 매일매일 하는 일에 더 큰 사명감을 부여하는 것이 가장 중요하다. 당신이 기울이는 노력들이 세상에 어떤 기여를 하는지 이해하기 전까지는 그저 아무 의미 없는 일을 하며 지내는 것에 지나지 않는다.

일에서 의미를 만들어낸다는 것이 세상의 운명을 바꿀 정도로 엄청난 계획을 세워야 한다는 건 아니다. 그보다는 훨씬 더 실현 가능하며, 가장 소중히 생각하는 사람들과 관련된 일이다.

우선 지금 하는 일이나 역할이 왜 존재하는지를 자문하는 것으로 시작해보라. 대부분의 경우, 어떤 일이 존재하는 것은 그 일이 다른 사람에게 도움이 되고 어떤 과정을 더 효율적으로 만들기 때문이다. 아니면 사람들이 필요로 하는 무언가를 만들어내기 때문이다.

예를 들어 식료품점에서 선반에 제품을 진열하는 일을 하고 있다면, 당신은 다른 사람들의 시간을 절약시키고 그들이 집에서 가족과 함께 식사하는 걸 더 쉽게 만들고 있는 것이다. 또한 고객 서비스 센터나 콜 센터에서 일하는 사람이라면, 대개 누군가의 마음을 편하게 해주거나 어떤 문제를 해결하거나 다른 사람의 하루를 더 기분 좋게 만들 수 있다.

그리고 만일 당신이 생활에 필요한 애플리케이션이나 소프트웨어를 개발하고 있다면, 지금 사람들에게 어떤 편의성을 제공하거나 시간을 절약해주거나 즐거움을 주고 있는 것이며, 또한 사람들이 서로 연결되게 만들고 있는 것이다. 이런 식으로 생각해본다면 이런저런 일에서 어떤 의미를 찾아낸다는 것은 그리 어려운 일이 아니다.

당신의 노력이 다른 사람들의 삶에 어떻게 도움이 되는지 알았다면, 이제 사람들에게 더 좋은 걸 제공하기 위해 무엇을 할 수 있는지를 생각해봐야 한다. 그러려면 서로 제각각인 고객들과의 관계에 대해 생각해보면 된다. 예를 들어 고객 서비스 센터의 한 직원이 당신에게 또는 당신의 요청에 제대로 응하지 못한다면, 그 때문에 남은 하루가 다 망가질 수 있다. 반면에 만일 누군가 당신의 문제를 잘 이해해 친절하게 해결해준다면, 당신은 긍정적인 기운으로 충만해지게 될 것이다. 그래서 설사 안 좋은 일이 있어도 좋게 생각할 수 있게 될 것이다.

이것이 당신이 친구나 가족, 동료 또는 고객들과의 관계에서 매일매일 받을 수 있는 영향이다. 그러나 다른 사람들과의 이런 관계가 당신에게 정확히 어떤 영향을 주는지 제대로 알려면 노력이 필요하다. 일단 사람들과의 소소한 대인관계에 의미를 부여하는 일로 시작해보라. 시간이 지나면 당신의 이런저런 노력과 더 커다란 목표 간의 관계가 점점 더 명료해질 것이다.

여러 사람들과 얘기를 나눈 결과, 사람들은 대개 업무 외 시간에 뭔가 의미 있는 일을 추구할 시간을 내고 있다. 그러나 자신이 하는 일상적인 업무에서 뭔가 의미 있는 일이 없냐고 물어보면, 대개는 제대로 답을 못하고 쩔쩔 맨다. 나와 대화를 나눈 대부분의 사람들이 시간의 대부분을 바쁘게 지내는 직장인이나 학생, 부모 또는 자원봉사자란 사실을 생각해보면, 이는 아주 우려스러운 일이다.

직장을 단순한 장소가 아닌
목적으로 만들어라

— Chapter 03

에이미 브제스니예프스키 교수는 병원에서 청소 일을 하는 직원들에 대한 연구를 하면서, 사람들이 똑같은 일이라도 얼마나 다르게 보는지를 알고 깜짝 놀랐다. 어떤 직원들은 자신의 일을 순전히 돈을 벌기 위한 일, 그러니까 이런저런 비용을 지불하고 식탁에 놓을 음식을 마련할 수단으로만 보았다. 그런데 어떤 직원들은 자신이 하는 일을 천직으로 여겼다.

에이미 브제스니예프스키 교수와 그 동료 교수들은 이 문제를 좀 더 깊이 파고들어가 보았고, 그 결과 새로운 한 가지 사실을 알게 됐다. 같은 청소 일을 하는 직원들 간에 그런 차이가 생긴 것은 낮 근무조와 밤 근무조의 차이나 근무하는 부서의 차이 때문도 아니고, 근무 기간의 차이 때문도 아니었다. 그 차이는 직원들이 공식적인 직무에서 벗어나, 환자나 방문객들과의 의미 있는 대인관계에 몰입할 수 있느냐 없느냐에 달려 있었다.

그리고 그런 몰입이 가능한 직원들은 자신이 하는 일에서 더 큰 의미를 찾아냈다. 직원들 중 한 명은 에이미 브제스니 예프스키 교수에게 이런 말을 하기도 했다.

"저는 환자들의 치료에 도움이 될 수 있는 일이라면 뭐든 다 해요. 그중 하나가 환자들이 건강을 회복하는 데 필요한 깨끗하고 위생적인 환경을 만드는 것이지만, 환자들의 치료를 돕기 위해 제가 할 수 있는 일은 그 외에도 많아요."

이처럼 청소 일을 하는 직원들이 스스로를 전체 진료팀의 일부로 인식할 경우, 그들이 하는 일과 정체성이 완전히 달라진다.

당신은 매일매일 하는 일을 통해 세상을 변화시킬 수 있다. 당신은 아마 대부분의 시간을 일, 직업 또는 천직이라 여겨지는 것을 하면서 보낼 것이다. 그렇기 때문에 어떻게든 그 시간을 가치 있게 보내야 한다. 자신이 하는 일에서 의미만 제대로 찾아낸다면, 따로 짬을 내 뭔가 중요한 일을 하지 않아도 매일매일 의미 있는 일을 할 수 있는 것이다.

우리가 매일매일 하는 일은 목적을 위해 필요한 수단 그 이상이 되어야 한다. 그러나 물론 '일(work)'을 '힘들고 단조로운 일(drudgery)'과 '노예 상태(servitude)'의 동의어라고 정의하는 사전도 있다. 또한 사람들에게 일에 대한 생각을 물어볼 경우, 가장 많이 듣게 되는 대답 중 하나가 이런 것이다.

"일하기 위해 사는 게 아니라, 살기 위해 일하는 거예요."

이 같은 대답 밑에는 대개 아무 의미도 없는 일을 순전히 돈 때문에 한다는 생각이 깔려 있다.

일이 금전적인 거래에 지나지 않는다는 생각은 1세기 전까지만 해도 일리가 있는 생각이었다. 하지만 오늘날의 현실에는 잘 맞지 않는 생각이다. 또한 그런 종류의 거래 관계는 오늘날 기업이나 각종 단체들이 직원들에게 바라는 바와도 상충한다. 기업들이 가장 원치 않는 직원이 출근부에 도장 찍기 위해 나타나 조직의 일에 자신의 에너지와 노력을 극히 일부밖에 쏟지 않는 직원들이기 때문이다.

지금 직원과 조직 간의 관계는 근본적으로 변화하고 있다. 내가 젊었을 때만 해도, 직장 생활을 하는 대부분의 성인들은 순전히 월급을 받기 위해 열심히 일했다. 그리고 최대한 승진을 빨리 하기 위해 애썼으며, 조기 퇴직을 하기 위해 그야말로 탈진할 정도로 일하고 또 일했다. 그런 노력들은 대개 좋은 의도 내지 강력한 직업의식에 그 뿌리를 두고 있었다. 그러나 그런 식의 노력은 개인적 차원에서도 오래 지속하기 힘들 뿐 아니라 조직 전체의 생산성 향상에도 별 도움이 되지 않는다.

| 일이 단순한 생계 수단 그 이상이 되게 하라

사람들을 집단이나 종족 또는 조직 등의 형태로 묶으려 하는 것은, 서로 뿔뿔이 흩어져 있을 때보다 한데 뭉쳤을 때 더 많은 일을 할 수 있다는 걸 전제로 한 것이다.

옛날에는 사람들이 식량과 주거지를 공유하고 가족들을 안전하게 지키기 위해 한 군데 모여 살았다. 그러니까 어떤 집단에 속해 다른 사람들과 연대를 하면, 자신은 물론 사랑하는 사람들에게도 도움이 된다는 전제에서 그렇게 한 것이다. 실제로 동물의 한 종으로서 인간은 뿔뿔이 흩어져 있을 때보다 한데 뭉쳤을 때 더 잘 지낸다. 아주 단순한 얘기 같지만 사실이다.

그래서 나는 이 문제와 관련된 갤럽 여론 조사 결과를 보고 깜짝 놀랐다. 미국 전역의 직장인들에게 자신이 다니는 직장 덕에 삶이 더 윤택해졌느냐는 질문을 던졌는데, 고작 12퍼센트만이 그렇다고 답한 것이다. <u>그 나머지 대부분은 자신이 몸담고 있는 회사가 오히려 전반적인 건강과 행복에 걸림돌이 된다고 답했다.</u>

개인과 조직 간의 관계가 어쩌다 이렇게 나빠진 것일까? 그 기폭제 역할을 한 것 중 하나가 산업 혁명이다. 그 시기에 인간은 그야말로 거대한 기계와 조립 라인의 한 부속품으로 전락해버렸다. 그 전제는 직원들은 정해진 시간 동안 정해진 일을 하고, 그 대가로 정해진 시급을 받는다는 것이었다. 산업 혁명 덕에 많은 자동화와 혁신 그리고 생산성 향상이 일어났지만, 예기치 않은 부작용들도 생겨 오늘날까지도 이어지고 있다.

그리고 직원과 조직 간의 철저한 계약 관계 덕에 기업들은 손쉽게 사람을 철저히 부려먹을 수 있게 되었다. 한 사람이 그만둔다 해도 대신 채용할 사람이 줄을 섰기 때문이다. 그래서 위계질서에서 보상 구조에 이르는 조직의 모든 것이 직원들에게 전하는 메시지는 간단했다. '당신은 얼마든지 대체 가능하다'는 것이었다. 거의 모든 곳에서 고전적인 경제학이 지배했다. 특정 조직에 속해 있어 삶이 더 윤택해졌는지를 묻는 사람은 아무도 없었다.

내가 1990년대에 직장 생활을 시작할 당시, 사람들이 직장에 대해 갖고 있던 기대치 역시 이와 별반 다르지 않았다. 기업은 사람들에게 특정 업무를 수행할 임무를 주었다. 그리고 사람들은 주어진 업무를 제대로 해낸 대가로 월급을 받았다. 물론 어떤 기업들은 직원들을 붙잡아두기 위해 의료보험이나 퇴직 연금 같은 인센티브도 주었다. 직원들에게 하는 일이 만족스럽냐고 묻는 기업은 몇 없었다. 그리고 직장 만족도는 지난 25년간 점점 떨어져 왔다.

단순한 참여 그 이상을 하라

21세기가 시작될 무렵, 일부 기업들은 직원들이 매일매일 하는 일에 감정적으로 적극 참여하고 있는지(그저 만족하는 차원이 아니라)에 대해 의문을 표하기 시작했다. 그러면서 중대한 변화가 일어났다. 기업의 경영진과 관리자들이 마침내 직원들이 단순히 출근만 하는 게 아니라 조직을 위해 스스로 자신의 모든 걸 쏟아붓고 있는가 하는 문제에 관심을 두게 된 것이다.

고용주들은 지금 당신이 회사 일에 적극 참여하고 있는지 아니면 건성으로 참여하고 있는지 아주 잘 안다. 그들은 회사가 당신에게서 무얼 끌어내고 있는지를 잘 아는 것이다. 그러나 대개의 경우, 당신은 조직에 속해 있으면서 자신의 삶이 얼마나 윤택해지고 있는지를 잘 알지 못한다.

개인과 조직이 성공하려면, 이제 그 양자 간의 계약 관계에 기본적인 변화가 있어야 한다. 그러니까 중요한 것은 직원에게 좋은 것은 조직의 이익에도 부합한다는 것이다. 컨설팅 업체 타워즈 왓슨Towers Watson이 세계 50대 기업을 분석한 바에 따르면, 직원들의 참여도가 낮은 기업들은 영업 이익률이 평균 10퍼센트에 머물렀다. 그러나 직원들의 참여도가 높은 기업들은 영업 이익률이 14퍼센트까지 올라갔다. 그리고 직원들의 '참여도가 지속 가능한' 기업들, 그러니까 직원들의 개인 복지에도 신경 쓰고 개선해나가는 기업들은 평균 영업 이익률이 무려 27퍼센트를 넘었다.

이 같은 분석 결과는 직장 내에서 직원들의 개인 복지가 참여 못지않게 중요하다는 걸 잘 보여준다. 물론 직원들의 개인 복지에 신경 쓰려면 고용주의 금전적인 부담을 고려하지 않을 수 없겠지만 말이다. 어쨌든 당신이 완전히 충전된 상태로 직장에 나타난다면, 업무 참여도도 높아지고 다른 동료들이나 고객들과의 대인관계 또한 더 좋아질 것이다. 이는 당신 동료들에게도 좋은 일이고, 당신이 봉사하는 고객들에게도 좋은 일이며, 장기적인 관점에서 볼 때 조직을 위해서도 좋은 일이다.

직원과 조직의 건강한 관계는 임무와 의미 또는 목표를 공유하는 일로부터 시작된다. 2013년, 전 세계 1만 2,000명 이상의 직장인을 상대로 실시한 한 조사에 따르면, 하는 일에서 의미를 찾아내고 자신이 하는 일의 중요성을 잘 아는 직장인들이 전직을 하지 않고 계속 그 직장에 머물 가능성이 무려 세 배나 높았다.

좋은 직장이 갖고 있는 많은 요소들을 분석한 한 조사에서 작가 토니 슈왈츠Tony Schwartz는 임무와 의미 또는 목표를 공유한다는 이 한 가지 요소가 그 어떤 변수보다 큰 영향력을 갖고 있다고 했다. 또한 의미 있는 일을 하는 직원들은 다른 직원들보다 전반적인 직업 만족도가 1.7배나 더 높았다.

앞으로 직장에서의 일은 '매일매일 변화를 초래하는 일을 하는 것'으로 재정의해야 할 것이다. 직장은 단순히 일을 하는 장소가 아니라, 어떤 목표를 달성하기 위해 노력하는 장소인 것이다. 그리고 일에서 중요한 것은 당신의 재능을 충분히 발휘해 생산성을 높이는 것이며, 또한 노력을 통해 당신 자신의 삶과 다른 사람들을 더 윤택하게 만드는 것이다. 그러나 그렇게 하려면, 먼저 단순히 월급을 받기 위해 일하는 차원을 넘어서야 한다.

돈보다는 더 높은
소명을 구하라
— Chapter 04

순전히 돈 때문에 일한다면, 그 돈은 현대판 뇌물이나 다름 없다. 다른 누군가 당신이 해주었으면 하는 일이 있어 돈을 주는데, 당신이 그 일이 아닌 다른 일을 하려 한다면, 그건 옳은 일이 아니기 때문이다. 가장 흔한 것이 한 개인과 조직 간의 관계를 금전적인 계약 내지 보상의 관계로 보는 것이 다. 그러나 그런 관계는 결국 개인과 조직 양쪽 모두의 실패 로 끝나고 만다.

인정과 관심, 존경, 그리고 책임 같은 비금전적인 인센티 브들이 금전적인 인센티브들보다 더 효과적일 수 있다는 걸 보여주는 연구는 수도 없이 많다. 자신의 존재감을 주로 연소득에서 찾으려 하는 사람들은 자신이 하는 일에 만족하는 경우가 거의 없다. 누군가 자신보다 더 큰 집이나 더 좋은 차를 가진 사람이 있게 마련이기 때문이다. 절대 이길 수 없는 경주인 것이다. 돈과 권력은 위대한 목적들에 쓰일 수도 있지만, 스스로를 옥죄는 덫이 될 수도 있다.

나의 경우, 늘 금전적 인센티브의 유혹에 맞서 싸워야 한다. 매달 다른 여러 집단들 가운데 특정 프로젝트를 함께 진행할 집단을 선별해야 하기 때문이다. 순전히 경제적 이득만 놓고 생각한다면 결정을 하기가 한결 수월할 것이다. 그러나 돈도 어느 정도 중요하긴 하지만, 어떤 프로젝트에 시간과 노력을 할애할 건지를 결정짓는 요소가 될 수는 없다.

일의 우선순위를 정할 때, 나는 고전적인 경제학 이론을 적용하지 않는다. 대신 제일 먼저 스스로에게 어떻게 하면 내 시간을 다른 사람들의 삶을 변화시키는 데 쓸 수 있을까 자문한다. 내 경험상, 금전적인 이득을 살펴보기에 앞서 이처럼 근본적인 질문을 던질 경우 대개 더 나은 선택을 할 수 있다.

지금 와서 돌이켜보면, 그간 해온 프로젝트들 가운데 가장 큰 자부심을 느끼는 프로젝트는 역시 '장점 추구(StrengthsQuest)'라는 이름을 붙인 2001년도 프로젝트다. 당시 내가 한 일은 갤럽의 한 소규모 조사팀과 함께 대학 신입

생들의 타고난 재능을 충분히 발휘하게 해줄 책 한 권과 온라인 프로그램을 만드는 것이었다.

그 이후 10년 넘는 세월 동안 무려 200만 명의 학생이 그 프로그램을 이수했으며, 그 덕에 자신들의 장점을 최대한 활용할 수 있는 직장을 찾을 수 있었다. 나는 이를테면 그런 프로젝트에 훨씬 큰 비중을 두는데, 그것은 더없이 중요한 시기의 젊은 학생들에게 도움을 주어 뭔가 의미를 찾을 수 있기 때문이다. 나는 정보기술(IT) 프로젝트 매니저로 뒤에서 일하고 있어 내가 하는 일이 학생들에게 미치는 영향을 직접 볼 기회는 별로 없지만, 그런 프로젝트에 참여한다는 것에서 느끼는 보람 또는 의미는 지금도 나의 선택에 계속 영향을 주고 있다.

더 나은 사람들과 비교하지 말라

흔히 소득이 두 배로 늘어나면 행복 또한 완전히 다른 차원으로 올라가게 될 거라고 생각하기 쉽다. 미국에서 실시한 전국적인 한 표본 조사에 따르면, 미국인들은 연소득이 2만 5,000달러에서 5만 5,000달러로 늘어나면 전반적인 삶의 만족도 또한 두 배로 늘 거라고 생각하고 있었다. 그러나 갑자기 소득이 두 배로 늘었을 때 실제 삶의 만족도가 어떻게 달라지는지를 조사한 결과, 삶의 만족도나 행복감은 실제로 9퍼센트밖에 커지지 않았다. 당시 연구에 참여했던 사람들 중 한 명이 이런 말을 했다.

"물론 9퍼센트라면 0퍼센트보다는 높은 수치지만, 소득이 두 배로 늘면 삶의 만족도 또한 두 배로 늘 거라고 예상한 사람들 입장에서는 뭔가 맥 빠지는 수치죠."

물론 경제적 안정감은 인간의 행복에 절대 필요하다. 기본적인 의식주 문제나 부채 상환 문제로 끊임없이 걱정해야 한다면, 온갖 스트레스와 두려움과 불안감에 시달리게 될 것이기 때문이다. 그러나 일단 일정 수준의 경제적 안정감에 도달하고 나면, 더 많은 돈을 버는 것이 일상의 행복에 미치는 영향은 줄어들게 된다. 소득이 일정 수준을 넘어설 경우, 연소득의 증가가 그대로 더 큰 행복으로 이어지지는 않는 것이다.

최고 상류층을 들여다봐도, 다른 부자들과 비교해 '충분히 부유하다'고 느끼지 못하는 부자들이 수두룩하다. 영국에서 실시된 한 연구에 따르면, 만족감과 소득은 거의 전적으로 동류 집단과의 비교에 의해 크게 느껴지기도 하고 작게 느껴지기도 한다. 연구팀의 한 사람은 연구 결과를 이렇게 요약했다.

"그러니까 친구들이 죄다 연간 200만 파운드를 번다는 걸 알고 나면, 연간 100만 파운드를 번다고 해도 전혀 행복하다고 느끼지 못하게 되는 겁니다."

결국 이런 식으로 상향 비교하는 게임을 중단하는 것이 문제인 것이다.

당신이 만일 버는 돈의 액수를 기준으로 사회생활의 성공과 실패를 판단한다면, 곧 잘못된 길로 접어들 수도 있다. 당신이 알고 있는 사람들 가운데 몇십 년간 별 즐거움도 누리지 못한 채 죽어라 일만 한 사람들을 생각해보라. 그 사람들은 얼핏 보면 '성공한' 것처럼 보이지만, 실은 아주 비참한 삶을 살고 있는 것이다. 세상을 폭넓게 보지 못하고, 돈이 아닌 의미를 위해 일을 하고 있지도 않기 때문이다.

노벨상을 수상한 심리학자 대니얼 카너먼Daniel Kahneman과 다른 공저자들은 '부'는 사람들로 하여금 즐거운 일에는 시간을 덜 쓰게 하고, 스트레스 쌓이는 일에는 시간을 더 쓰게 한다는 사실을 밝혀냈다.

그 누구보다 더 많은 돈을 갖고 공동묘지에 눕는 게 궁극적인 목표가 아니라면, 건강한 직장 생활을 더 넓은 관점에서 평가할 필요가 있다. 자신에게 다음과 같은 몇 가지 기본적인 질문들을 던져보라. '지금 하고 있는 일 덕분에 인간관계가 더 돈독해지고 있는가?', '지금 몸담고 있는 조직 덕에 육체 건강이 더 좋아지고 있는가?', '매일매일 하는 일을 통해 사회에 뭔가 기여를 하고 있는가?'

돈 때문에 의미를 잃는 경우는 없게 하라

단순히 돈 생각만 하다 보면, 모두에게 이익이 되는 일보다는 자신에게 이익이 되는 일을 더 중시하게 될 수 있다. 그리고 당신이 아무리 좋은 의도를 갖고 있다 해도, 동료들보다 일을 더 잘했다고 더 좋은 대우를 받을 경우(동료들도 그러려고 열심히 일하겠지만), 개인적인 인센티브들 때문에 당신과 동료들 사이에 거리감이 생길 수 있다. 또한 계속 돈 때문에 움직인다면, 당신의 행복과 인간관계가 망가지게 되고 사회에 대한 기여도 역시 줄어들 수 있다.

미네소타대학교의 연구에 따르면, 연구에 참여한 직장인들에게 금전적 보상을 제시할 경우, 동료들과 함께 일하기보다는 혼자 일하려 하는 경향이 세 배나 더 강해졌다. 또한 직장인들은 돈에 대한 생각만으로도 자신의 의자를 다른 사람들로부터 30센티미터 정도 더 떨어뜨리려 했다. 그러니까 마음속으로 돈 생각을 하는 순간, 다른 사람들로부터 떨어져 혼자 있으려 한 것이다. 그룹별 인센티브가 더 효과가 있을 뿐 아니라, 직원들 간의 응집력을 키우고 거리감을 줄이는 데 더 도움이 되는 것도 바로 이 때문이다.

다른 사람들을 위해 더 많은 노력을 기울이면 기울일수록 돈이나 권력 또는 명예 같은 외적 보상 없이도 일을 더 잘 해낼 수 있게 된다. 돈은 늘 이미 부유한 사람들에게 가게 마련이고, 명예는 덧없이 사라진다. 특정 시기에 많은 보너스를 받거나 큰 인정을 받는 등 보상을 받을 수는 있지만, 대부분의 날들은 그런 외적 보상 없이 지내야 하는 것이다. 바로 이 때문에 자신이 매일매일 하는 일에서 의미와 목적을 찾아야 하는 것이다.

가능하면 늘 공공의 선에 도움이 되는 일을 하는 것에서 동기를 찾도록 하라. 대개는 그룹별 인센티브 제도가 개인별 인센티브 제도보다 혁신에 더 도움이 된다. 그러니 직장에서 개인 실적을 올리는 데만 급급하지 말고 당신이 속한 팀의 실적을 올릴 방법을 찾도록 하라. 그런 다음 에너지를 쏟아 당신 팀이 실적을 올리는 걸 돕도록 하라. 그렇게 다른 사람

들과 함께 공통의 목적을 위해 일하다 보면 매일매일 긍정적
인 기운으로 충만하게 될 것이다.

세상이 필요로 하는 게
무언지 물어보라

— **Chapter 05**

2008년 대불황이 닥치면서, 패션 디자이너 론 핀리Ron Finley
의 패션 사업은 파국을 맞았다. 그러나 그는 사업 외에 다른
데서 자신의 창의적인 재능을 발휘할 방법을 찾았다. 그는
어느 날 차를 몰고 자신의 고향인 컴튼 시 거리를 돌아다니
다가, 자신이 사는 곳이 건강 문제에 관한 한 아주 수준 이
하라는 걸 깨닫게 되었다. 로스앤젤레스의 사우스 센트럴 지
역에는 패스트푸드점과 신장 투석 센터가 즐비했지만, 푸릇
푸릇한 정원들이 없었고 신선한 과일과 채소도 쉽게 볼 수
없었다.

론 핀리는 자신의 지역사회가 안고 있는 이런 문제를 해결

하는 데 자신의 에너지를 쏟아 부었다. 그는 여기저기 버려진 땅과 자기 집 바깥쪽과 도로 중앙분리대 쪽에 과일과 채소를 심었다. 그리고 지금 그의 집 주변 거리와 보도블록들 사이에는 형형색색의 꽃들과 해바라기, 바나나나무, 블랙베리, 라즈베리, 석류나무, 사과나무, 자두나무, 무화과나무, 아몬드나무, 호박, 레몬그라스, 로즈마리 등등, 푸른 나무와 채소들로 뒤덮여 있다.

"그야말로 모든 게 예술이죠." 론 핀리의 말이다.

"이런 예술로 새로운 지역사회를 만들어나갈 수 있어요. 건강을 만들어나가고 지속적인 인간관계를 만들 수도 있죠. 식품 거래를 할 수 있으니까요."

그는 지역사회 구성원들에게 누구든 자신이 먹을 식품을 직접 기를 수 있고, 그러면서 사방을 아름다운 꽃나무들로 둘러쌓을 수 있다는 걸 보여주고 싶었던 것이다.

자신의 장점과 관심사가 세상이 필요로 하는 것과 맞아떨어질 때 의미가 생겨나게 된다. 따라서 자신의 재능과 열정을 제대로 파악하는 것이 필수적이지만, 그것은 이 수요와 공급 방정식의 한쪽에 지나지 않는다. 그러니까 세상이 당신에게 무엇을 필요로 하는지 그리고 또 당신이 당신의 장점과 관심사를 어떻게 생산적으로 발휘할 것인지를 정확히 아는 게 훨씬 더 중요할 수 있다.

따라서 무엇보다 먼저, 다른 사람들이 필요로 하는 것이 무언지를 정확히 알아내 자신의 열정이 현실 세계에 도움이 될 수 있게 해야 한다. 자신의 노력으로 세상에 뭔가 변화를 주려면, 기업들이 신제품을 개발할 때처럼 이런저런 분석을 해봐야 한다. 또 기업들이 많은 고객이 필요로 하지도 않을 제품에 수백만 달러를 투자하지 않듯, 당신 역시 고용주나 지역사회가 별로 필요로 하지도 않을 일에 재능이나 관심사를 쏟으며 시간 낭비를 해선 안 될 것이다.

'자신의 열정을 좇으라'는 식의 조언이 비난 받아 마땅한 이유들 중 하나는, 그런 조언은 자신이 세상의 중심이며, 자신의 기쁨을 좇는 것이 삶의 목표가 되어야 한다는 전제에서 나온다는 것이다. 반면에 세상에 어떤 변화를 가져오는 사람들은 '내가 무얼 줄 수 있는가?' 하는 질문으로 시작한다. 그리고 그런 질문으로 시작할 경우, 자신의 재능을 다른 사람들이 가장 필요로 하는 일에 쏟을 수 있게 된다.

잠시 뒤로 물러앉아 당신이 속한 사회 조직이나 단체 또는 지역사회가 가장 필요로 하는 일이 무언지를 잘 생각해보라. 특히 시간과 관심이 필요한 문제들이 무언지 잘 살펴보라. 그렇게 주변 사람들이 가장 필요로 하는 일이 무언지를 생각하면서, 자신의 장점 및 관심사와 서로 겹치는 부분이 무언지를 찾아보라.

재능 있는 그래픽 디자이너를 필요로 하는 기업이 있을 수도 있고, 멘토를 필요로 하는 아이가 있을 수 있으며, 기금 모금에 전문 지식이 있는 사람을 필요로 하는 지역 단체가 있을 수도 있다. 이 같은 지역적인 필요성이나 세계적인 필요성에 부합되는 당신만의 재능이나 배경, 전문 지식, 꿈, 내적 욕구 등이 무언지 잘 살펴보라.

지금도 그렇고 앞으로도 그렇고, 당신 동료들에겐 없고 당신에게만 있는 목적은 무엇인가? 당신이 워낙 깊은 확신을 갖고 있어, 그걸 실현하기 위해서라면 잠시 자신의 행복을 희생해도 좋을만한 일은 무엇인가?

당신의 재능을 힘껏 발휘하라

당신에겐 세상 그 어느 누구보다 더 잘할 수 있는 일이 있다. 당신은 당신의 DNA만큼이나 독특한 재능을 갖고 태어났기 때문이다. 우리 주변에 보면 힘든 일을 당한 사람들을 위로하는 데 타고난 재능을 가진 사람들이 있다. 타고난 호기심 덕에 늘 뭔가를 배우려 애쓰는 사람들도 있다. 또 무언가를 팔거나 남들을 설득하는 데 많은 재능을 가진 사람들도 있다. 이처럼 사람마다 다 다른 수많은 재능 때문에 성별과 인종, 나이, 국적 등에 따른 다양성보다 훨씬 더 큰 다양성이 생겨난다. 그리고 이 같은 재능의 다양성 때문에 모든 개인은 서로 구분되는 독특함을 갖게 된다.

그러나 지금도 우리 사회는 사람들에게 열심히 노력하기

만 한다면 누구든 자신이 원하는 사람이 될 수 있다고 말하고 있다. 그런데 이 오래된 믿음을 따를 경우, 득보다는 실이 더 많다. 사람들은 이런저런 역경을 극복하고 실패를 딛고 일어설 수 있는 힘을 갖고 있지만, 그렇다 해도 가장 성장 및 발전 잠재력이 큰 분야는 역시 타고난 재능을 갖고 있는 분야이다. 그래서 재능이 있는 분야에 시간을 더 쏟아야 그만큼 더 빨리 발전할 수 있는 것이다.

지금은 돌아가셨지만 나의 멘토이자 친할아버지인 도널드 클리프톤Donald Clifton은 평생 사람들의 장점을 연구하셨다. 내가 그 분께 배운 가장 큰 교훈도 바로 그것이다. 자신이 원하는 어떤 사람이 되려고 애쓰기보다는, 자신이 장점을 갖고 있는 분야에서 더 잘해보려고 노력해야 한다는 것 말이다. 일단 타고난 재능을 가지고 시작하고, 그런 다음 그 재능을 갈고 닦고 기술을 쌓고 지식을 늘린다면, 훨씬 더 좋은 결실을 맺을 수 있는 것이다.

갤럽 조사에 따르면, 사람들이 자신의 장점을 활용할 경우 주당 질 높은 일을 할 수 있는 업무 시간이 20시간에서 40시간으로 두 배 늘어날 수 있다고 한다. 또한 사람들이 매일매일 자신의 장점을 충분히 활용할 경우, 업무 참여도가 여섯 배나 늘어나고 전반적인 삶의 만적도 또한 세 배나 커진다고 한다.

당신이 만일 삶의 대부분을 모든 걸 잘하려고 애쓰며 보내면, 어느 한 가지를 뛰어나게 잘할 수 있는 가능성은 사라지게 된다. 이런저런 많은 일들을 평범하게 하는 것이 당신의 목표라면 모를까, 그게 아니라면 날 때부터 잘하는 일로 시작하는 것이 효율적이다.

자신의 장점들에 집중하는 것이 여러 면에서 가장 기본적인 시간 할당 방식이다. 매 시간을 재능을 타고난 분야에 투자한다면 그 효과가 배가되지만, 단점을 고치는 데 투자한다면 중력을 거스르는 일을 하는 거나 다름없다. 그런데도 많은 사람들이 몇 년 또는 심지어 몇 십 년을 자신의 단점을 고치는 일로 보낸다. 그렇게 하면 모든 일을 두루 잘하는 팔방미인이 될 수 있지 않을까 하는 희망 때문이다.

그런 덫에 빠지지 않게 최선을 다 하도록 하라. 모든 걸 두루 잘하는 건 어떤 분야에서든 기본적인 소양을 쌓는 데는 도움이 될지 몰라도, 사회 경력에는 별 도움이 안 된다. 결국 더 중요하고 필요한 것은 다른 사람들에게는 없는 당신만의 장점이다. 그러니 살아가면서 뭔가에 뛰어나고 싶다면, 늘 재능을 충분히 발휘할 수 있는 일을 하도록 하라.

오늘이 가기 전에 당장 행동하라

사회생활에서는 매일 자신이 하는 일에 관심을 갖는 게 중요하다. 2~3년 전 나는 사회 초년생들의 업무와 관련된 각종 연구 결과들을 읽어봤는데, 그때까지만 해도 취업 지원자들의 개인적 관심사와 실제 업무 능력 간에는 별 다른 관련 사항을 발견할 수 없었다. 그러나 최근 행해진 연구와 실험들을 보면, 이제 상황이 변했다는 걸 알 수 있다.

예를 들어 2012년에 행해진 한 연구에 따르면, 개인의 관심사와 업무 내용이 맞아 떨어질 경우, 근무 실적과 직장 내 인간관계는 물론 그 직장에 계속 근무할 가능성 또한 높아졌다. 2014년 듀크대학교의 한 연구팀이 실시한 또 다른 실험 결과들 역시 성공적인 사회생활에 왜 개인의 관심사가 중요한지를 잘 설명해준다. 충분히 예상할 수 있는 일이지만, 사람들이 자신의 관심사와 맞아떨어지는 업무를 부여받았을 때 근무 실적이 더 좋았던 것이다. 그 연구에 참여했던 한 사람은 그 이유를 이렇게 설명했다.

"개인적으로 관심 있는 일을 하다보면 활력을 느끼게 되고, 그래서 자칫 피로감을 느낄 수도 있는 일을 오래 지속할 수 있는 것입니다."

그런데 당신은 긍정적인 기운을 느끼게 해주는 활동 또는 장기적으로 사회에 기여할 수 있는 활동에 얼마나 많은 시간을 쏟고 있는가? 연구팀이 사람들에게 하루를 어떻게 보내는지 일지를 써보라고 했더니, 지속적인 행복을 느낄 만큼 의미 있는 일을 하는 데 쓰는 시간은 실망스러울 정도로 적었다.

문제는 우리에겐 가장 중요한 일을 할 수 있는 내일이 없을 수도 있다는 것이다. 2년 전쯤 나는 문득 그런 생각을 하게 됐고, 그래서 한동안 그 생각을 붙들고 씨름을 했다. 건강이 워낙 안 좋다 보니 이런 문제에 관심이 많을 수밖에 없었다. 결국 나는 컨설팅 일을 하던 직장을 그만두었다. 모든 시간을 건강을 개선하는 방법에 대한 연구와 집필 활동에 쏟고 싶었던 것이다.

심장 질환과 암, 당뇨, 비만 등과 싸우고 있는 많은 친구와 사랑하는 이들을 돕기 위해 뭔가 내가 할 일이 있다는 생각이 들었다. 내 자신에게 어떻게 하면 내 장점과 관심사들을 잘 활용해 사랑하는 사람들을 위해 더 많은 일을 할 수 있을까 하는 질문을 던지자, 전혀 새로운 길이 보였다.

당신이 오늘 세상을 달라지게 할 의미 있는 일을 하지 못한다면, 오늘은 영원히 사라지게 된다. 사라져버린 오늘을 되살리려 내일 애쓸 수는 있지만, 절대 오늘을 되살리지 못한다. 그리고 미처 자신도 모르는 새에 여러 날이 가고 여러 해가 갈 것이다. 그리고는 10년 후쯤, 지난날들을 되돌아보며 다른 사람의 성장에 도움을 주거나 새로운 관심사를 추구하거나 새로운 제품을 만들 기회를 놓쳤다는 걸 깨닫게 될 것이다. 그러나 오늘 당장 시작할 수만 있다면, 당신이 좋아하는 뭔가를 할 기회는 얼마든지 있다.

남들이 만들어놓은 틀에
갇히지 말라
— Chapter 06

대부분의 사람들은 평생 자신의 꿈을 좇는다고 생각하지만, 실은 자신이 좋아하는 누군가의 꿈을 좇는 경우가 많다. 당신이 알고 있는 사람들 가운데 얼마나 많은 사람들이 삶의 특정 시기에 형제나 부모 또는 멘토의 족적을 좇는지를 생각해보라. 많은 사람들이 롤 모델이나 모범이 될 만한 사람들에 둘러싸여 성장한다는 걸 감안하면, 꿈이 한 세대에서 다음 세대로 이어지는 것이 조금도 이상할 게 없다.

대학을 나온 내 친구들 중 여러 명이 법학을 전공했는데, 대개 가족이나 사회적 분위기에 떠밀려 법대를 간 경우였다. 연봉이 많은 안정된 직장을 가기 위해 법대를 졸업한 친구들도 있다. 법 분야에 대한 남다른 재능과 열정 때문에 법대를 다닌 친구는 딱 한 명이었는데, 내가 아는 한 20여 년이 지난 지금까지도 법조계에 몸담고 있는 건 그 친구 한 명뿐이다.

캐나다에서 7만 1,000쌍 이상의 아버지와 아들을 상대로 실시한 한 연구가 〈노동 경제학 저널Journal of Labor Economics〉에 실렸는데, 그 연구는 사람들이 부모의 직장 경력을 그대로 따라가는 경우가 얼마나 많은지 잘 보여주었다. 1963년부터 시작해 수십 년간 젊은이들의 직업 선택 경향을 면밀히 분석해보니, 어느 시점에선가 부모가 다닌 직장에 다닌 경우가 40퍼센트 가까이 됐던 것이다. 한층 더 놀라운 사실은, 아버지들이 최고 소득 계층에 속했던 경우 그 아들들의 거의 70퍼센트가 아버지가 다닌 바로 그 직장에서 근무를 한 적이 있었다는 것이다.

방대한 규모의 이 연구는 그 대상이 남자들로 한정됐다는 것에 유의할 필요는 있다. 1960년대의 노동 시장의 남녀 구성비를 감안하면 그럴 만도 한 일이다. 그러나 좀 더 규모가 작은 연구들에 따르면, 딸의 진로 선택에 훨씬 더 큰 영향을 미치는 것은 아버지의 직업 선택이 아니라 어머니의 직업 선택이다.

자부심 강한 부모들이 자신이 배운 모든 걸 아들이나 딸에게 물려주려 하는 건 지극히 정상이다. 그리고 자식이 부모의 족적을 따르는 것 또한 분명 나쁜 일은 아니다. 사람은 성장 과정에서 많은 시간을 함께 보낸 사람들로부터 많은 걸 배우기 마련인데, 그 과정에서 관심사와 열정까지 그대로 물려받는 경우도 많다. 그러나 이는 자식 입장에서 또 다른 책임이 따르는 일이기도 하다. 다른 사람의 꿈이 아니라 자신의 꿈을 좇아야 한다는 책임 말이다.

남들의 그림자 속에 살지 말고 직접 자신의 그림자를 드리워라

다섯 살 난 딸과 세 살 난 아들과 함께 저녁 산책을 나가면, 우리는 해 저무는 거리에 드리워지는 우리의 그림자를 가지고 놀이를 하는 경우가 많다. 아이들이 훨씬 커다란 내 그림자 속에 들어오면, 애들의 그림자는 사라진다. 그리고 내 아들이 좀 더 큰 자기 누나의 그림자 속에 걸어 들어갈 경우, 자기 그림자를 숨기려면 좀 더 빨리 움직여야 한다. 아이들은 거리에 드리워진 그림자가 해가 지면서 점점 더 커지는 모습을 보는 걸 가장 좋아한다.

이렇게 아이들과 그림자놀이를 할 때면, 나는 꼭 이 그림자가 무얼 뜻하는 걸까 하는 생각을 하게 된다. 내가 보기에 그림자는 자신의 흔적을 남기고 싶어 하는 인간의 기본적인 욕망을 뜻하는 것 같다. 부모의 한 사람으로서 나는 내 아이들한테 나의 흔적을 남기고 싶다는 유혹을 피해야 할 것이다. 아이들을 이 사회나 나의 기대에 의해 만들어진 어떤 틀 속에 집어넣으려 해서는 안 될 것이다. 아이들이 자기 본연의 모습대로 살아갈 수 있게 도와주는 것이 내가 할 일이다.

아직 어린 나이들임에도 불구하고, 내 눈에는 얼핏얼핏 내 아이들 특유의 재능이 보인다. 세 살 난 아들은 관찰력이 뛰어나며 아주 탐구적이다. 단순히 원칙 대로 하라고 하면 대개 "싫어"하며 거부한다. 대신 왜 그런지 직접 자기 눈으로 보면서 배우는 것이다. 반면에 이제 다섯 살 난 딸은 조직적인 걸 좋아하며 자신이 배운 걸 사람들에게 가르치는 걸 좋아한다. 그 애는 또 남다른 기억력을 갖고 있으며, 다른 사람들의 마음을 이해하는 데도 타고난 재능을 갖고 있다.

나는 눈에 띄지 않는 압력이든 노골적인 압력이든, 아이들에게 가해지는 이런저런 압력이 결국 애들의 진로 자체를 바꿔버릴 거라는 확고한 믿음을 갖고 있다. 사실 벌써부터 내 딸이 자기 엄마처럼 훌륭한 교사가 되거나 아니면 총명하고 따뜻한 의사가 되었으면 하고 바란다. 요즘 학교 교육이 과학과 기술, 교육, 그리고 수학을 중시한다는 걸 감안하면, 내 아들과 딸은 분명 그런 과목들을 잘해야 한다는 압력을 느끼게 될 것이다. 그러나 막상 학교를 졸업해 사회생활을 시작해보면, 주변 사람들에게 긍정적인 기운을 불어넣어주고 뭔가 의미를 만들어낼 수 있는 일을 하는 것만큼 소중한 목표도 없을 것이다.

모든 사람은 서로 다른 기대 속에 성장한다. 관심과 열정이 있는 자기 분야를 찾는 가장 좋은 방법들 중 하나는 이런저런 새로운 것들을 탐색해보는 것이다. 만일 부모나 친구 또는 멘토가 당신에게 타고난 재능이 있어 즐겁게 할 만한 일을 소개해준다면, 그 또한 정말 좋은 방법이다. 좋아하는 사람들과 함께 좋아하는 일을 하는 것보다 좋은 건 없기 때문이다. 그러나 '남들에 의해 이미 정해진 길'을 가게 되는 경우도 많은데, 그렇게 되면 자신의 내적 동기는 무시한 채 다른 사람들의 기대에 맞춰 사는 암울한 삶이 될 것이다.

당신은 당신이 직접 드리운 그림자 속에서 살아가야 한다. 당신은 당신만의 특징들을 갖고 태어났으며, 현재의 당신이 있게 해준 사람들로부터 이런저런 영향을 받으며 살아간다. 당신을 사랑하는 그 사람들에게 보답하려면, 스스로 원하는 삶을 살아가야 한다.

당신의 꿈을 일 속에 끼워 넣어라

어떤 이유에서든 매일매일 당신의 꿈을 좇지 못하고 있다면, 당신은 지금 의미 있는 삶을 살아갈 기회를 잃고 있는 것이다. 그러나 처음부터 자신의 이상에 맞는 일을 찾아내는 사람은 별로 없다. 그래서 소소한 일들로 자신의 꿈을 조금씩 이루어가는 게 아주 좋은 방법이 될 수 있다.

매일매일 조금씩이라도 시간을 내 당신을 재충전시킬 활동들에 참여할 수 있어야 한다. 이는 별것 아닌 것 같지만 아주 중요한 일이다. 그야말로 잠시만 투자하면 더 생산적이고 더 충만한 하루를 만들 수 있는 것이다.

심지어 최악의 여건 속에서도 스스로 성장할 기회는 얼마든지 찾을 수 있다. 당신 힘으로 어쩔 수 없는 근무 여건이나 다른 사람들의 일에서 관심을 돌려 매일매일 조금씩 발전할 수 있게 해줄 소소한 일들을 찾아나서는 것이다. 예를 들어 당신은 어떤 상황에서든 늘 동료나 고객에게 긍정적인 기운을 불어넣어 줄 일을 할 수 있다.

설사 당신이 지금 하고 있는 일 자체가 이상적인 것과는 거리가 멀다 해도, 별도로 뭔가 작은 의미를 만들어낼 수 있다. 지역사회를 위한 봉사 활동을 하는 것도 매달 의미 있는 시간을 보낼 수 있는 좋은 방법이다. 내 친구들 중에는 다른 그 어떤 것보다 단 몇 시간의 봉사 활동에서 큰 만족감을 느낀다는 친구가 여럿 있다. 이는 장차 더 큰 일로 이어질 새로운 분야와 관심사를 찾아내는 좋은 방법이기도 하다.

사람들은 뭔가 해볼 만한 일을 구인광고를 통해 찾기보다는 직접 노력을 해 만들어내는 경우가 많다는 걸 보여주는 새로운 연구 결과도 있다. 미시건대학교의 한 연구팀이 실시한 이 연구에 따르면, 당신은 현재 하고 있는 직장 일에서 뭔가 의미를 만들어낼 수 있다. 그러려면 무엇보다 먼저 당신이 매일매일 활력을 줄 '일'들에 얼마나 많은 시간을 투자하고 있는지를 살펴봐야 한다. 그리고 또 직장 내에서의 '인간관계'는 물론 다른 사람들을 위해 의미를 만들어내는 일에 대한 당신의 '인식'도 살펴봐야 한다. '일'과 '인간관계'와 '인식'이라는 이 세 분야를 잘 살펴본다면, 당신은 현재 하고 있는 일 속에 당신의 꿈들을 끼워 넣을 수도 있을 것이다.

당신의 과거 학창 시절과 그간 해온 사회생활을 되돌아보

라. 시간이 어떻게 흘러갔는지도 모를 만큼 긍정적인 기운이 넘쳐흐르던 순간들을 떠올려보라. 그리고 그 순간들에 당신은 정확히 어떤 일을 하고 있었고 또 어떤 사람들과 함께 있었는지 잘 기억해보라. 그런 다음 그런 순간을 현재 하고 있는 일 속에서도 재연할 수 있는지 생각해보고, 내일 당장 당신이 할 수 있는 일, 그러니까 즐거운 마음으로 더 많은 시간을 쓸 수 있는 일을 하나 떠올려보라.

또한 어떻게 하면 당신 일에 활력을 주는 사람들과 더 많은 시간을 함께 보낼 수 있는지도 생각해보라. 그리고 활력을 주기는커녕 끊임없이 스트레스를 주고 맥 빠지게 만드는 사람들을 멀리한다면, 당신은 다른 사람들을 위해 더 많은 일을 할 수 있다. 다른 소셜 네트워크와 마찬가지로, 직장 내에서는 긍정적인 감정이든 부정적인 감정이든 삽시간에 전염된다.

미래를 당신 뜻대로
만들기 시작하라

— Chapter 07

정보가 무궁무진하게 많은데다 중간 중간에 신경 써야 하는 일도 워낙 많은 시대이다 보니, 하루 종일 이런저런 정보와 일에 반응하다 시간 다 보내기 십상이다. 또한 늘 하루 중 상당 부분을 당신을 향한 다른 사람들의 이런저런 요구에 응해야 한다. 그러나 당신의 그런 단순한 반응들 가운데 앞으로 10년 후 정말 자랑스러워할 만한 일이 되는 경우란 거의 없을 것이다.

당신의 삶에서 나중에 정말 중요해지는 것들은 오늘 시작하는 어떤 일들이다. 이를테면 누군가와 새로운 우정으로 발전할 대화의 물꼬를 트는 일, 누군가와 함께 새로운 제품이나 제안으로 이어질 어떤 일에 대한 아이디어를 주고받는 일, 다른 누군가의 발전에 관심을 갖고 몇 년이고 그 사람이 잘 되는 걸 지켜보는 일 등등 말이다. 당신이 만일 다른 사람들에게 긍정적인 기운을 불어넣는 일을 하고 싶다면, 당신이 단순히 반응하는 데 그칠 것이냐 아니면 직접 팔을 걷어붙이고 나설 것이냐에 따라 그 성패가 갈릴 것이다.

그러나 다른 사람들이 원하는 것에 반응하는 일이 훨씬 더 쉽긴 하다. 당신이 평상시 이런저런 것들에 반응하는 데 (예를 들어 이메일이나 전화에 답하는 데) 보내는 시간이 어느 정도 되는지 대략 계산해보라. 그리고 그 시간을 뭔가를 시작하는 데 보내는 시간과 비교해보라. 대개는 반응하는 데 보내는 시간이 직접 뭔가를 시작하는 데 보내는 시간보다 훨씬 많다. 만일 지금 일하는 데 어려움이 있거나 일에 아무 진전이 없다고 느낀다면, 뭔가 당신이 할 수 있는 일에 관심을 돌려 분위기를 바꿔볼 절호의 기회이다.

자신이 하는 일이 단순한 반응을 하는 거라고 생각하는 사람들이 있지만, 실은 그렇지 않다. 물론 당신이 필요한 최소한의 정보를 토대로 고객을 직접 상대하거나 고객의 질문에 답하는 일을 하고 있다면, 온종일 단순한 반응을 하며 보낼 수도 있을 것이다. 그런데 그런 접근 방식은 자신이나 조직이나 고객들을 위해 좋은 방식이 아니다. 그러나 당신이 만일 일대일로 각 고객의 필요에 맞춰 반응하고, 장차 필요한 일을 미리 예견해 처리하는 등, 고객이 기대하는 것보다 훨씬 더 많은 도움을 준다면, 그것은 단순한 반응을 하는 것이 아니라 뭔가를 직접 시작하는 것이다.

온라인과 오프라인 상의 커뮤니케이션이 당신의 삶을 지배하게 하지 말고 그걸 직접 관리해보라. 그렇게 하지 않는다면, 당신의 시간 대부분을 오래 지속될 무언가를 만들기보다는 그저 단순히 다른 사람들의 바람에 반응하는 데 쓰게 될 것이다. 미래에 어떤 일이 일어날지 예측할 수는 없지만, 매일매일 뭔가 새로운 걸 시작함으로써 당신은 다가올 미래를 직접 만들어나갈 수 있다.

그냥 바쁜 삶보다는 목적 있는 삶을 살아라

바쁘다는 말은 가장 중요한 일을 하고 있다는 말의 반대인 경우가 많다. 내가 친구들이나 동료들에게 요즘 어찌 지내느냐고 물어보면 십중팔구 들을 수 있는 말이 '바쁘다'는 것이다. 내 경우 역시 지난 10년 이상 사람들이 내게 어찌 지내냐고 물어올 때 가장 흔히 내뱉는 답이 '바쁘다'이다.

다른 많은 사람들과 마찬가지로, 나 역시 뭔가 계속 움직이는 걸 발전적인 일로 착각하는 덫에 걸려 있는 것이다. 만일 생쥐가 12시간 내리 쳇바퀴를 돌리고 있다면, 그 쥐는 그야말로 하루 종일 아주 바삐 움직이면서도, 아무 데도 못 가고 아무것도 이루지 못하고 있는 것이다.

마찬가지로, 나 역시 오랜 기간 바쁘다는 것과 의미 있는 발전은 다르다는 사실을 알지 못했다. 그래서 200통이 넘는 이메일에 일일이 답장을 했다거나 8시간 내리 앉아 중요한 회의를 했다는 걸 자랑스레 떠들곤 했다. 대부분의 시간에 나는 소위 '멀티태스킹'을 했다. 이를테면 헤드셋을 쓰고 화상 회의에 참여하면서도 이메일 답장도 한 것이다.

그러다가 대부분의 직장에서 비슷한 풍경들이 연출되고 있다는 걸 깨닫기 시작했다. 많은 직장인들이 끝없이 보고 행동하고 말하고 해야 하는 것처럼 생각한다. 마치 자신이 하루라도 일을 쉬면 우주에 커다란 구멍이라도 날 듯 바삐 움직이는 것이다. 그러니까 그렇게 해야 남들 눈에 열심히 일하는 것처럼 보이고, 자신이 조직에 꼭 필요한 사람처럼 보인다고 생각하는 것이다.

당신은 바쁜 것을 중요한 일을 하는 것과 동일시하는 걸 배운 것에 대해 그 누구도 탓할 수 없다. 바빠 보이려 애쓰는 모습들이 사회적 기대에 부응하기 위해 생겨난 것이기 때문이다. 그러나 바빠 보이려 애쓸 경우, 삶을 제대로 관리할 수 없게 된다. 당신이 만일 하루 종일 눈코 뜰 새 없이 바쁘고 한 가지 일이 끝나는 대로 곧 다른 일을 해야 한다면, 뭔가 건설적인 활동에 집중할 여유는 갖지 못할 것이다. 게다가 직장 일 자체는 물론이고 가족과 함께 시간을 보내는 것 등, 그야말로 가장 중요한 일들에도 제대로 관심을 집중하지 못하게 된다.

그러니 매일매일 조금이라도 자신이 하고 싶은 일을 하고, 뭔가 세상을 바꿀 프로젝트에 참여하며, 또 소중한 사람들과 함께 시간을 보내는 걸 목표로 삼도록 하라. 내 경우에는 '나는 바빠' 대신 '나는 시간을 관리해 더 나은 일을 할 필요가 있어'하는 생각으로 바꾸는 걸로 시작했다. 이처럼 작은 생각의 변화가 일의 우선순위를 정하는 데 도움이 된다. 나처럼 하든 아니면 다른 방법을 쓰든, 하루 종일 바삐 설쳐대는 것보다 더 나은 방법을 찾도록 하라. 무조건 열심히 일하는 것보다는 약게 일하는 게 필요하다.

| 동시에 여러 가지 일을 하지 말라

요즘은 무슨 일을 하면서도 계속 신경 써야 할 일들이 많고, 그래서 묵묵히 뭔가 중요한 일을 하는 게 쉽지 않다. 예를 들어 평균적인 미국인은 매일 컴퓨터 화면 앞에서 8시간 반을 보내며 무려 6만 3,000단어의 새로운 정보들을 접한다. 그리고 직장인들이 컴퓨터 화면 앞에 앉아 있을 때, 3분 이상 뭔가 다른 일로 방해받지 않고 그냥 보내는 경우란 없다.

스마트폰 이용자 15만 명을 상대로 실시한 한 조사에 따르면, 사람들이 하루에 평균 110번은 스마트폰을 열어본다고 한다. 특히 저녁 피크 타임 때는 한 시간에 스마트폰을 아홉 차례나 체크한다고 한다.

이메일에서 문자 메시지, 뉴스 속보, 전화, 소셜 네트워크 업데이트에 이르기까지, 그야말로 온갖 것이 다 사람들의 삶 속에 끼어드는 것이다. 평균적인 직장인들은 하루의 약 28퍼센트를 이렇게 온갖 것에 신경 쓴다는 연구 결과도 있다. 그리고 또 평소 근무 시간에 한 가지 일에 집중할 수 있는 직장인은 다섯 명 중 한 명밖에 안 된다고 한다.

그러니까 사람들은 대개 특정 시간 동안 어떤 일을 하면서도 그 시간의 절반은 뭔가 다른 생각을 하고 있다는 것이다.

하버드대학교의 맷 킬링스워스Matt Killingsworth와 댄 길버트Dan Gilbert 교수가 실시한 아주 세밀한 한 연구에 따르면, 사람들은 평소 시간의 무려 47퍼센트를 방황하면서 보낸다고 한다. 훨씬 더 충격적인 일은 그렇게 방황하는 것이 사람들을 기분 좋게 만드는 게 아니라 덜 행복하다고 느껴지게 만든다는 것이다.

맷 킬링스워스와 댄 길버트 교수는 이렇게 말했다.

"인간의 마음은 방황하는 마음이고, 방황하는 마음은 불행한 마음입니다."

두 사람이 연구한 거의 모든 행동, 그러니까 걷고 먹고 동료와 얘기를 나누고 쇼핑을 하고 텔레비전을 보고 하는 행동에서 사람들은 무려 30퍼센트의 시간을 방황하는 마음으로 보내고 있다. 어쩌면 이 책을 읽고 있는 이 순간에도 당신 마음은 이리저리 방황하고 있을 수 있다.

모든 걸 조금씩 다 하려 하다 보면, 중요한 건 아무것도 못 하게 된다. 당신이 매일매일 이런저런 필요에 맞추느라 이리저리 수십 갈래의 방향으로 방황한다면, 결국 당신은 정작 중요한 큰일은 하지 못한 채 온갖 사소한 일들에만 반응하는 꼴이 된다. 그리고 그렇게 정신이 딴 데 가 있는 상태에서 일을 하다 보면, 실적이 저조한 건 물론이요 일의 질도 떨어지게 된다. 대개의 경우, 인간의 마음은 한 가지 일에 집중할 때 훨씬 더 기능을 잘 발휘하기 때문이다.

이런저런 사소한 일들에 정신을 뺏기지 않는다는 게 쉬운 일은 아니다. 그러나 가장 중요한 일들에 정신을 집중하려면, 반드시 그렇게 해야 한다. 간혹 하루 종일 다른 데 전혀 정신을 뺏기지 않고 집필 작업에만 몰두할 수 있는 날이 있는데, 그런 날이야말로 내 생애에서 가장 평화롭고 생산적이며 자유로운 날이다. 그리고 묘한 일이지만, 그런 날은 모든 일들이 순풍에 돛 단 듯 순조롭게 풀린다.

이런저런 소소한 일들에 정신과 시간을 뺏기지 않게 된다면, 에너지와 긍정적인 기운을 불어넣어 줄 일들에 더 많은 시간을 쓸 수 있게 된다. 또한 그 덕에 정신적인 여유가 생기게 되면서 더 창의적인 사고도 가능해진다.

오늘부터 당장 당신이 시간을 헛되이 쓴다고 생각하는 일들을 하나씩 적어보라. 그런 다음 앞으로는 그 일을 덜 하도록 자신의 행동 패턴을 바꿔보라. 그런 식으로 정신 집중을 방해하는 일들의 목록을 만들어놓고 앞으로는 가급적 그런 일을 하지 않도록 하는 것이다.

그 다음에는 새로운 기회가 스스로 모습을 드러낼 것이다.

그때 그 기회를 무작정 잡으려 하지 말고 먼저 신중히 생각해보도록 하라. 만일 뭔가 새로운 걸 하고 싶다는 생각이 든다면, 그 대신 어떤 일을 포기할 것인지를 결정해야 한다. 두 가지 중 하나를 선택하기가 너무 힘들 경우 늘 또 다른 옵션, 그러니까 둘 다 하지 않는 선택도 있다는 걸 잊지 말라. 그런 경우 대개 둘 다 하지 않는 것이 최선인 경우가 많다.

파블로프의 종소리를 죽여라

1800년대 말 러시아 생리학자 이반 파블로프Ivan Pavlov는 종을 치는 순간 개들이 침을 흘리기 시작하는 조건 반사를 보인다는 사실을 처음 관찰했다. 그가 개들에게 종소리가 들리면 먹을 게 나온다는 걸 연상하게 교육했고, 그래서 종소리가 들릴 때마다 개들이 먹을 것을 기대하며 침을 흘린 것이다. 이 현상은 '고전적 조건 형성'으로 알려지게 되었는데, 새로운 문자 메시지 수신을 알리는 벨 소리가 들릴 때마다 당신이 보이는 반응이 바로 그것이다.

컴퓨터가 새로운 이메일이 들어왔다는 걸 알려주고, 스마트폰이 새로운 문자 메시지가 들어왔다며 부르르 떨 때마다, 또는 컴퓨터나 스마트폰 화면에 어떤 알림 문자가 뜰 때마다, 당신은 그 외부 자극들을 꼭 읽어야 할 새로운 정보라고 생각한다. 몇십 년 전만 해도 모든 메일, 즉 우편물은 하루에 한 번밖에 안 왔고, 전부 집 우편함 속으로 배달되었다. 그래서 우리는 매일 대략 같은 시간에 그 편지들을 받게 된다는 걸 예상할 수 있었고, 한 번에 다 읽어볼 수 있었다. 그러나 오늘날에는 이런저런 메시지와 알림들이 전자화된 파블로프의 종소리로 변해 시도 때도 없이 들어온다.

대부분의 기업들은 직원들이 수시로 이메일과 소셜 네트워크를 확인하는 걸 일상적인 업무의 하나로 보지 않는다. 그러나 사람들은 가끔 근무 시간을 더 건설적인 일에 쓰기보다는 그렇게 각종 메시지나 알림을 확인하는 일에 더 많이 쓴다. 한 연구에 따르면, 직장인들은 적어도 하루의 반을 이메일 답장을 쓰고 소셜 네트워크를 확인하는 데 보낸다고 한다.

그 연구에서 특히 더 충격적이었던 사실은 각종 메시지가 업무에 지장을 주는 정도가 생각 외로 심하다는 것이다. 직장인들의 거의 4분의 1이 이메일의 '받은편지함'을 들여다보며 각종 정보가 도착하는 대로 바로바로 읽어본다. 또 다른 43퍼센트의 직장인들 역시 필요 이상 자주 메시지를 확인한다는 사실을 인정하고 있다. 그리고 겨우 30퍼센트의 직장인들만이 과하지 않게 가끔씩 메시지를 확인한다. 그러니까, 직장인의 3분의 2 이상이 각종 전자 메시지에 삶을 지배당하고 있으며, 그로 인해 과도한 불안감까지 느끼고 있는 것이다.

브리티시컬럼비아대학교에서 2015년에 실시한 한 연구에 따르면, 사람들이 매일 이메일 확인하는 횟수를 줄이면 그만큼 스트레스도 줄어든다고 한다. 그러나 많은 사람들은 여전히 연구원들이 '무선 압박감telepressure'이라고 부르는 압박감, 즉 모든 이메일에 즉시 답해야 할 것 같다는 압박감에 시달리고 있다. 사람들이 무선 압박감을 겪을 때는 수면의 질도 떨어지고 몸도 더 자주 아프며 정신적·육체적 피로도 더 커진다.

이처럼 정신 집중을 방해하는 것들에서 벗어나려면, 매일 몇 분 간격으로 떠드는 각종 알림을 꺼버려야 한다. 최근에 실시된 한 설문 조사에 따르면, 이메일과 전화가 사람들의 시간을 좀먹는 가장 대표적인 알림이다. 시간을 좀먹는 또다른 행동으로는 애플리케이션 간의 토글링, 소셜 네트워크나 인스턴트 메시지, 문자 메시지 확인하기, 웹 서핑 등이 꼽힌다.

내 경험상 스마트폰 잠김 화면에 뜨는 '뉴스 속보'를 슬쩍

들여다보기만 해도 집중력이 떨어진다. 각종 메시지와 알림을 보내는 사람이나 단체는 거의 다 자신의 메시지가 1분 1초라도 빨리 봐야 할 아주 중요한 메시지라고 생각하는 듯하다. 그런 메시지들의 알림 기능을 잠시라도 중단한다면 놀라운 효과를 볼 수 있다. 메시지를 읽고 나서 다시 정신을 집중하는 데 67초가 걸린다는 조사도 있다.

이 같은 각종 메시지 알람 기능은 원한다면 쉽게 끌 수 있다. 대부분의 휴대폰에는 알림 시작 및 정지 기능이 들어 있기 때문이다. 또한 문자 전송 프로그램들 역시 실시간 알림 기능을 끌 수 있게 되어 있다. 이 문제의 심각성을 인식해서인지, 최신 스마트폰들에는 모든 전화와 메시지와 알림을 중단할 수 있는 '방해하지 마세요' 기능이 들어 있다.

당장 잠시 시간을 내 스마트폰으로 들어오는 각종 메시지를 차단해보도록 하라. 뉴스와 이메일, 소셜 네트워크 등은 따로 시간을 내 확인하면 될 것이다. 특히 중요한 일에 몰두해야 하거나 다른 사람들에게 관심을 쏟을 일이 있을 경우, 벨소리든 진동이든 모든 메시지 알림을 끄도록 하라. 메시지를 확인하는 것까지는 좋다. 다만 하루 중 상당 시간을 메시지 확인에 쓰지는 않도록 하라.

45분간 집중하고,
15분간 쉬어라

— Chapter 08

나는 이 책 집필 작업을 하던 도중에 우연히 팀 워커Tim
Walker가 쓴 한 보고서를 읽게 됐다. 미국인 교사인 팀 워커는
2014년에 핀란드로 이주해, 수도 헬싱키의 한 공립학교에서
5학년 학생들을 가르치기 시작했다. 그런데 그는 미국과는
다소 다른 핀란드의 교육 시스템에 회의감을 느꼈고, 그 점
이 내 관심을 사로잡았다.

핀란드에서는 45분 동안 수업을 한 뒤 학생들에게 15분
의 휴식 시간을 주고 있다. 처음에 팀 워커는 그런 규칙을 선
뜻 받아들일 수 없었고, 그래서 학생들로 하여금 휴식 시간
15분간 교실을 떠나지 못하게 했다. 그러다 결국 그는 '45분

수업 15분 휴식' 모델을 직접 테스트해보기로 했는데, 얼마 후 그 결과에 놀라지 않을 수 없었다.

팀 워커의 표현대로 하자면, 그러자 아이들은 더 이상 교실 안에서 '좀비처럼' 무기력하게 발을 질질 끌고 다니지 않았다. 아이들은 15분씩 쉬고 다시 교실에 들어올 때마다 발걸음이 한결 가벼워졌고, 수업 시간 내내 학습 집중도 또한 높아졌다. 팀 워커는 1960년대 이후 핀란드에서 자리잡아온 '45분 수업 15분 휴식' 모델을 좀 더 깊이 연구했다. 그러면서 아이들이 15분간의 휴식을 통해 정해진 틀에서 벗어나 해방감을 맛보게 되고 그 결과 에너지가 충전되고 집중력도 더 높아진다는 걸 알게 됐다.

이 문제와 관련한 그 이후의 실험들에 따르면, 학생들은 규칙적인 휴식을 취한 뒤에 수업에 더 잘 집중할 수 있었다. 또한 휴식 시간이 효과가 있으려면, 교사들이 정해놓은 활동들을 하는 게 아니라 그야말로 마음껏 쉴 수 있는 시간이 되어야 한다는 사실도 밝혀졌다.

팀 워커의 보고서를 읽으면서 나는 '45분 수업 15분 휴식' 모델이 성인들에게도 효과가 있을지 궁금해졌다. 그리고 그 의문에 대한 답은 아마 직장인들이 종일 어떻게 시간을 보내는지를 상세히 보여주는 데스크타임DeskTime이라는 소프트웨어 애플리케이션에서 찾을 수 있을 것이다. 이 소프트웨어 제작자들은 3만 6,000명에 달하는 사용자들 중 가장 생산성 높은 10퍼센트의 직장인들이 어떻게 시간을 썼는지를 살펴보았다. 그리고 그 결과 놀라운 사실들을 발견했다.

가장 생산성 높은 직장인들이 갖고 있는 공통점은 휴식 시간을 효율적으로 활용한다는 것이었다. 10퍼센트 안에 들어가는 엘리트 직장인들은 한 번에 평균 52분 동안 일하고 17분간 휴식을 취한 뒤, 다시 일을 시작했다.

데스크타임 팀의 일원으로 연구 보고서의 공동 저자이기도 한 줄리아 기포드Julia Gifford에 따르면, '52분 근무 17분 휴식' 모델이 생산성을 높이는 데 도움이 되는 것은 10퍼센트의 엘리트 직장인들이 근무 시간에 단거리 달리기 선수들처럼 전력질주를 하기 때문이다.

"그들은 뚜렷한 목표를 가지고 일함으로써 근무 시간 52분 동안 그야말로 전력질주하며, 그런 다음 잠시 휴식을 취하며 다음 질주에 대비합니다."

줄리아 기포드의 말이다. 그녀는 또 엘리트 직장인들은 휴식 시간 17분 동안 이메일이나 페이스북을 확인하기보다는 산책을 나가거나 음악을 듣는다고 말했다.

일하는 시간 대 쉬는 시간의 비율은 직종 및 직업에 따라

달라지겠지만, 일할 때는 그야말로 전력 질주하듯 일하되 에너지 재충전을 위해서도 반드시 쉬는 시간이 필요하다는 데는 별 이견이 없다. <u>가능하다면, 45분 정도 전력 질주하듯 일하고 15분 정도 휴식을 취하는 패턴을 시도해보라.</u>

그리고 일하는 시간 대 쉬는 시간의 비율이 어느 정도 되어야 근무 기간 내내 완전히 충전된 상태가 유지되는지를 잘 판단해, 그 비율을 조금씩 조정하도록 하라. 휴식 시간은 5분 내지 10분 사이로 정하는 게 무난할 것이다. 줄리아 기포드의 말에 따르자면, 뚜렷한 목표 하에 일을 하려면 잠시 휴식을 취하며 다음 전력질주에 대비하는 것이 필수적이다.

삶의 목표를 세워
플라크가 생기지 않게 하라

보다 높은 목표를 세우면, 노년에 치매나 알츠하이머병에 걸리는 걸 예방할 수 있다. 그뿐 아니라 사고력을 높이고 정신을 더 명료하게 만드는 데도 도움이 된다. 러시대학교 메디컬 센터에 근무하는 연구원들이 한 그룹의 노인들을 대상으로 10년 가까이 관찰한 결과는 적어도 그랬다.

삶의 목표가 사람들의 뇌에 미치는 영향을 살펴보기 위해, 연구팀은 246명의 노인들을 세상을 떠날 때까지 추적·관찰했다. 그 과정에서 실험 참여자들은 10년 가까운 기간 동안 매년 세세한 인지 기능 테스트와 신경 검사 등 다양한 임상 평가를 받았다. 실험 참가자들은 또 삶의 목표와 관련된 질문들은 물론 살아가면서 겪는 이런저런 일들에서 어떻게 의미를 끌어내는지에 대한 질문에도 답했다.

그러다가 고령의 실험 참가자들이 세상을 떠나게 되자, 연구팀은 그들의 뇌를 해부해 플라크가 얼마나 많은지를 검사했다. 뇌 속 플라크는 알츠하이머병에 걸린 사람들에게서 흔히 발견되며, 기억력과 기타 인지 기능을 떨어뜨리는 것으로 알려져 있다.

당시 연구를 이끈 사람들 중 한 사람인 패트리샤 보일Patricia Boyle 박사는 이런 말을 했다.

"결국 뚜렷한 삶의 목표가 있는 사람의 경우, 뇌 속에 플라크가 생기지 않아 기억력이나 기타 다른 사고 능력이 저하되지 않는다는 걸 알 수 있습니다. 이건 아주 고무적인 사실입니다. 평소 뚜렷한 목표가 있고 의미 있는 활동을 할 경우, 나이가 들어도 인지 기능이 저하되지 않는다는 뜻이니 말이죠."

자신이 하는 일에서 목표를 찾을 수 있다면, 더 건강해질 뿐 아니라 더 행복해지기도 한다. 6,000명을 상대로 14년간 진행된 한 연구에 따르면, 뚜렷한 삶의 목표를 가진 사람들은 사망 위험이 15퍼센트나 낮아졌다. 그리고 연구 결과, 더 오래 사는 것이 나이 문제만은 아니라는 사실도 밝혀졌다. 그러니까 당신이 20대든 40대든 아니면 60대든, 자신이 하는 일에서 목표를 찾을 수 있다면 장기적으로 도움이 된다는 것이다.

자신이 해야 할 일을 늘 마음에 새기고 있어라

매일매일 일을 하면서 왜 그 일을 하고 있는지 그 이유를 상기하도록 하라. 자신의 사명 내지 임무를 앞세워 일하면, 의욕이 넘치게 될 뿐 아니라 생산성도 훨씬 더 높아지게 된다.

와튼경영대학원 교수 애덤 그랜트Adam Grant가 그 학교 콜센터 직원들에 대한 동기부여 문제를 연구하기 시작했을 때 있었던 일을 생각해보자. 그들은 그 대학원 졸업생들에게 전화를 걸어 후배들을 위해 장학금을 기부해줄 것을 요청하는 일을 했다. 애덤 그랜트 교수는 콜센터 직원들의 일이 워낙 어려운 데다가(저녁에 사람들에게 전화를 해 돈 얘기를 꺼내야 하는 일이니 오죽했겠는가) 이직률도 높다는 걸 알게 됐다. 그래서 그들을 실제 장학금 혜택을 받고 있는 학생과 만나게 하면 혹 새로운 동기부여가 되지 않을까 생각했다. 그렇게 해서 애덤 그랜트 교수와 그 동료 연구원들은 장학금을 수령 중인 학생을 하나 데려와 한 그룹의 콜센터 직원들과 잠시(단 5분간) 얘기할 수 있는 기회를 마련했다.

한 달 후, 장학금을 수령 중인 학생과 직접 만나 얘기를 나눠본 콜센터 직원들은 눈에 띌 만큼 생산성이 올라갔다. 이들은 다른 직원들에 비해 시간당 무려 거의 두 배 가까운 전화를 했다. 이전까지만 해도 직원 1인당 주당 400달러 정도였던 모금액도 이제는 주당 2,000달러 정도까지 늘었다.

이 연구가 나온 지 10년도 더 지난 지금까지도 애덤 그랜트 교수는 여러 환경 속에서의 이 같은 '친(親)사회적 경향들'을 연구해오고 있다. 예를 들어, 첨단기술 기업의 콜센터 직원들의 경우, 자신들의 활동 덕을 보는 내부 동료 직원들로부터 직접 얘기를 듣는 것이 생산성을 독려하는 최고경영자

(CEO)의 얘기를 듣는 것보다 더 도움이 됐다. 애덤 그랜트와 그 동료 연구원들이 관찰한 바에 따르면, 병원에서는 '손 위생이 당신을 질병으로부터 지켜줍니다'라는 캐치프레이즈보다는 '손 위생이 환자들을 질병으로부터 지켜줍니다'라는 캐치프레이즈를 내걸 때, 의사와 간호사들의 비누 및 손 세정제 사용률이 45퍼센트나 늘었다.

만일 당신 직장 여건상 다른 사람에게 직접적인 영향을 주는 게 어렵다면, 따로 시간을 내 그게 가능한 여건을 만들어보는 것도 괜찮다. 제너럴 일렉트릭General Electric은 그런 일의 가치를 잘 알고 있는 기업 중 하나이다. 이 회사는 암을 찾아내거나 예방하는 데 도움을 주는 자기공명영상 장치(MRI)를 개발하는 직원들에게 암 생존자들을 직접 만나볼 기회를 제공하고 있다. 그 행사 장면들을 담은 이 회사의 동영상들을 보면, 자신들이 만든 제품이 실제 암 환자들에게 미치는 영향을 직접 눈으로 보는 게 MRI 개발 부서 직원들에게 얼마나 큰 의미와 목표가 되는지를 잘 알 수 있다.

한 실험에서 연구팀은 CT나 MRI 영상을 판독하는 방사선 전문의들에게 해당 환자의 사진을 보여주었다. 대부분의 경우, 그 방사선 전문의들은 CT나 MRI 영상만 보았지 직접 해당 환자를 보거나 만나는 일은 없었다. 방사선 전문의들은 환자의 사진을 보고난 뒤 인간적인 연민의 정을 더 강하게 느끼게 됐고, 그래서 판독 결과도 29퍼센트나 더 자세히 쓰게 됐다는 걸 인정했다. 가장 중요한 사실은, 환자의 사진을 본 이후 방사선 전문의들의 판독 정확도가 46퍼센트나 높아졌다는 것이다.

정기적인 '현장 학습'을 통해 평소 자신들이 하는 일의 결과를 볼 기회가 없는 직원들에게 그런 기회를 제공하는 기업들도 있다. 미국 농기구 전문 기업 존 디어John Deere는 트랙터 생산 부서 직원들로 하여금 자사 제품을 이용하는 농부들과 만나 함께 시간을 보내게 하는 행사를 정기적으로 갖고 있다.

미국 은행 웰스 파고 앤 컴퍼니Wells Fargo & Company는 자사 은행원들에게 저리 대출 덕에 심각한 부채 위기에서 벗어날 수 있었다는 걸 증언하는 고객들의 모습이 담긴 동영상을 보여주고 있다. 페이스북은 소프트웨어 개발자들에게 자사의 방대한 소셜 네트워크 덕에 오랫동안 못 본 친구나 가족을 만난 사람들의 사연을 들을 기회를 제공하고 있다.

매일매일 당신 자신의 사명을 생각나게 해줄 방법을 찾아보도록 하라. 당신이 하는 일의 결과를 상기시켜줄 이야기가 들어 있는 책자 같은 걸 갖고 다녀도 좋고, 당신이 하는 일의 의미가 담긴 어떤 이미지나 인용문, 또는 문구를 갖고 다녀도 좋다. 뚜렷한 동기를 갖고 당신이 속한 사회에 계속 기여를 하고 싶다면, 자신의 사명을 늘 마음속에 새기고 있도록 하라.

Chapter 01

조그만 성취들을 통해 의미를 만들어내라

요점: 자신의 행복을 추구하는 것보다는 다른 사람들을 위해 뭔가 의미 있는 일을 하는 것이 더 중요하다.

■ 자유 시간의 몇 퍼센트를 의미를 만들어내는 활동에 쓰고 있는가? 그리고 어떻게 하면 매일 또는 매주의 일상생활에 뭔가 의미 있는 활동을 추가할 수 있겠는가?

- 오늘 직장에서 어떻게 의미 있는 발전을 할 수 있었는가? 만일 오늘 그렇게 못했다면, 내일은 어떻게 그럴 수 있겠 는가?

- 지난달에 한 일들 중에서 가장 의미 있는 일은 무엇인가?

Chapter 02

삶과 자유와 의미를 추구하라

요점: 의미 있는 일은 깊은 내적 동기에 의해 추진된다.

■ 현재 자신이 하는 일 또는 역할의 존재 이유는 무엇인가? 그것이 다른 사람에게 도움을 주는가, 어떤 일을 더 효율적으로 만들어주는가, 아니면 사람들이 필요로 하는 것을 만들어내는가?

■ 어떤 외적 동기들이 자신을 잘못된 방향으로 이끄는가?

■ 당신은 지금 누군가 다른 사람들을 위해 일하고 있는데,
  어떻게 하면 그들을 위해 더 많은 일을 할 수 있겠는가?

■ 왜 현재의 그 일을 하고 있는지를 상기해줄 가장 중요한
  내적 동기는 무엇인가?

Chapter 03

직장을 단순한 장소가 아닌 목적으로 만들어라

요점: 당신의 일은 당신을 전반적으로 더 행복하게 만들어줄 수 있어야 한다.

■ 뭔가 의미 있는 노력들에 더 많은 시간을 쏟기 위해 어떤 일들을 할 수 있겠는가?

■ 지금 하고 있는 일 때문에 당신 삶은 더 나아지고 있는
가?

■ 다른 사람들과 함께 같은 임무를 수행하고 있다는 느낌
이 드는 건 어떤 때인가?

Chapter 04

돈보다는 더 높은 소명을 구하라

요점: 자신의 행복을 추구하는 데 돈을 쓰느라 의미를 잃는 일은 없도록 하라.

■ 인간관계가 당신이 매일 하는 일 때문에 더 돈독해지고 있는가?

■ 육체 건강이 당신이 몸담고 있는 조직 때문에 더 좋아지
고 있는가?

■ 매일매일 하는 일을 통해 사회에 기여하고 있는가?

■ 돈은 어떤 때 좋은 동기가 되어주는가? 돈 때문에 잘못된
방향으로 가게 되는 경우는 없는가?

Chapter 05

세상이 필요로 하는 게 무언지를 물어보라

———

요점: 장점 및 관심사가 다른 사람이 필요로 하는 것과 일치할 때 어떤 의미가 만들어진다.

■ 친구와 동료와 고객들, 그리고 당신이 속한 지역사회가 가장 필요로 하지만 아직 충족되지 않은 건 무엇인가?

■ 남다른 당신만의 재능과 능력들에 대해 생각해보라. 대부분의 사람들이 알고 있는 것보다 훨씬 더 뛰어난 당신의 재능과 능력은 무엇인가?

■ 어떤 활동들이 당신에게 긍정적인 기운을 불어넣어주고 장기적으로 사회에 이바지할 수 있게 해주는가?

Chapter 06

남들이 만들어놓은 틀에 갇히지 말라

요점: 꿈을 일 속에 끼워 넣음으로써 자신의 그림자를 드리워라.

■ 시간 가는 줄도 모르고 몰입해서 하는 일은 어떤 일들인
가?

■ 어떤 사람들이 당신의 하루하루에 에너지를 불어넣어 주는가? 그리고 어떻게 하면 그들과 함께 더 많은 시간을 보낼 수 있겠는가?

■ 당신이 하는 일이 다른 사람들의 삶에 변화를 주도록 하기 위해 오늘 내디딜 수 있는 첫걸음은 무엇인가?

Chapter 07

미래를 당신 뜻대로 만들기 시작하라

요점: 전화 벨소리가 울릴 때마다 반응하려 하지 말고, 좀 더 느긋하게 반응해보라.

■ 평소 다른 사람들에게서 온 이메일과 문자와 전화에 답하기 위해 몇 퍼센트 정도의 시간을 쓰는가? 그리고 당신이 먼저 이메일과 문자와 전화를 보내는 데 쓰는 시간은 몇 퍼센트 정도 되는가?

■ 어떻게 하면 좀 더 열심히 일하는 대신 좀 더 약게 일할 수
  있겠는가?

■ 당신이 혹 내일 몇 가지 안 되는 의미 있는 일들에만 집중
  할 수 있다면, 그 일들은 어떤 일들이겠는가? 어떻게 하면
  반응하는 데 시간을 덜 쓸 수 있겠는가?

■ 첨단 기술을 어떻게 활용해야 그로 인해 방해 받지도 않
  고 또 집중력이 분산되는 것도 최소화할 수 있을까?

Chapter 08

45분간 집중하고, 15분간 쉬어라

요점: 일할 땐 전력투구하고, 자주 휴식 시간을 갖고, 해야 할 일을 늘 마음속에 명심하라.

■ 하루를 어떤 식으로 구성하면, 더 일에 전력투구하고 효율성도 높일 수 있을까?

■ 어떻게 하면 친구나 동료들에게 그들이 하는 일의 중요성
을 일깨워줄 수 있겠는가?

■ 당신이 하는 일이 사람들에게 어떤 영향을 주는지 눈으로
직접 보기 위해 견학을 가거나 면담 같은 걸 가질 수 있겠
는가?

2부

대인관계

16퍼센트의 사람들만이 어제
더없이 긍정적인 대인관계를 유지했다

모든 대인관계를
소중히 여겨라

— **Chapter 09**

니콜라스 크리스타키스Nicholas Christakis 박사는 1990년대에 시카고 사우스 사이드에서 젊은 내과의 시절을 보내고 있었는데, 당시 그는 가죽으로 된 의료 가방을 들고 임종 직전의 환자들 집을 왕진하곤 했다. 그의 환자들은 주로 아프리카계 미국인 노동자 계층과 시카고대학교 교수진이었다. 죽어가는 환자들의 집을 방문하면서, 그는 죽음이 사랑하는 사람들에게 미치는 독특한 영향을 볼 기회가 많았다. 그리고 그 결과 그는 사랑하는 사람을 잃은 아픔 때문에 일찍 세상을 떠나는 이른바 '과부 효과'를 연구하게 되었다.

그런데 과부 효과에 대한 그의 생각은 어느 날 휴대폰으로 걸려온 전화 한 통 때문에 완전히 뒤바뀌게 된다. 당시 그는 치매로 죽어가고 있는 나이든 한 여성을 방문한 참이었는데, 그녀를 돌보고 있는 사람은 그녀의 딸이었다. 니콜라스 크리스타키스는 그녀의 집을 나선 순간 전화를 받았는데, 수화기 저쪽에서 들려오는 음성이 그가 알지 못하는 사람의 음성이었다.

알고 보니 전화를 건 사람은 환자를 시중드는 딸 남편의 가장 친한 친구였다. 엄마를 돌보느라 딸이 기진맥진해졌고, 딸이 기진맥진하자 그 남편까지 병이 난 모양이었다. 그러니까 전화를 건 남자는 자신의 가장 친한 친구의 건강이 걱정되었던 것이다. 그 순간, 니콜라스 크리스타키스는 과부 효과는 단 한 사람에게만 영향을 주는 게 아니라 이런저런 인연으로 얽힌 모든 사람들에게 영향을 준다는 사실을 깨달았다.

그 이후 니콜라스 크리스타키스 박사는 대인관계가 비만에서 흡연 그리고 투표에 이르는 모든 일들에 어떤 영향을 주는지에 대해 연구해오고 있다. 오랜 세월 대인관계와 행동들에 대한 연구를 해오면서, 니콜라스 크리스타키스 박사와 그 동료들은 우리가 비단 가까운 친구들뿐 아니라 그 친구들의 친구들의 친구들, 그러니까 한 번 만나본 적도 없는 낯선 사람들로부터도 영향을 받는다는 사실을 알아냈다.

또한 사람들과의 대인관계는 그 하나하나가 잔물결처럼 넓게 퍼져나간다.

"당신이 몸무게를 줄이거나 행복한 행동 또는 따뜻한 행동을 할 때…… 그 행동이 다른 사람들에게 영향을 주게 되고, 그 사람들이 다시 또 다른 사람들에게 영향을 주게 됩니다. 그런 식으로 당신의 행동 하나하나는 열 명 아니 때론 백 명 이상에게 영향을 주게 됩니다."

현재 예일 네트워크학 연구소의 공동 책임자인 니콜라스 크리스타키스 교수의 말이다.

삶은 수백만 대인관계의 결합체이다. 그리고 다른 사람들과 소통하는 이 대인관계의 순간들이 당신의 하루하루에 긍정적인 기운을 불어넣기도 하고 부정적인 기운을 불어넣기도 한다. 또한 당신이 매일매일 하는 행동들이 모여 몇 년이 되고 몇십 년이 되고 당신의 삶 전체가 된다. 그러나 평상시의 하루하루를 생각할 때, 매 순간의 소중함을 모른 채 너무 경시하는 경우가 많다.

거리에서 누군가를 지나치면서 나누는 가벼운 미소나 인사 같은 아주 소소한 대인관계도 다 소중하다. 만일 순간이라는 것을 3초라는 시간으로 본다면, 한 시간 안에는 1,200개의 순간이 들어 있고, 하루 안에는(8시간 잠을 자고 16시간 깨어 있다고 볼 때) 1만 9,200개의 순간이 들어 있는 셈이다. 이런 식으로 계산하면, 사람의 평생은 약 5억 만 개의 순간이 모인 것이라는 말이 된다. 이 주제와 관련된 연구에 따르면, 하루 동안 매 순간순간 겪게 되는 일의 강도보다는 빈도 내지 횟수가 훨씬 더 중요하다고 한다.

예를 들어, 하루 동안 놀랄 만큼 큰 긍정적인 일 한 가지를 겪는 것보다는 긍정적인 소소한 일 열 가지를 겪는 게 더 낫다는 것이다. 단 하루 동안에도 정말 중요한 것은 소소한 일들이다. 나와 내 동료들이 행한 연구에 따르면, 어느 하루 동안 아주 바람직한 대인관계를 경험한 사람들은 그렇지 않은 사람들에 비해 행복감을 느낄 가능성이 거의 네 배나 높았다.

물론 당신이 아무리 열심히 노력해도 바꿀 수 없는 일생일대의 중요한 일들도 많다. 그러나 분명한 건, 당신이 다른 사람과의 다음 대인관계는 통제할 수 있다는 것이다. 지금 당신 기분이 아무리 안 좋다 해도, 의식적으로 다음에 만나는 사람과의 대화를 긍정적으로 이끌어갈 수 있는 것이다. 그렇게 한다면, 자연스레 당신의 대인관계는 더 좋아질 것이다. 당신과의 대화가 상대에게 긍정적인 기운을 불어넣어 줄 것이고, 그 결과 당신 주변이 온통 활력으로 넘치게 되는 것이다.

모든 걸 좋게 받아들여라

대인관계는 하나하나가 다 결국 선택이다. 예를 들어 당신이 분노심이나 적개심으로 가득한 사람 또는 당신을 완전히 무시하는 사람을 만난다면, 설사 이후에 긍정적인 모습으로 변한다 해도 그때 받은 그 사람의 부정적인 이미지는 변하지 않을 수도 있다.

당신이 한 커피숍 밖에 서서 친구들과 얘기를 나누고 있는데, 한 남자가 급히 지나가다 부딪혀 당신 커피를 쏟았다고 치자. 그 순간 가장 중요한 것은 어떻게든 그 작은 사고를 긍정적으로 생각하도록 해야 한다는 것이다. 설사 상대 남자가 백 번 잘못했는데 사과조차 안 하고 지나쳤다 해도 마찬가지이다. 특히 상대가 처음 보는 낯선 사람일 경우, 상대방 입장을 정확히 이해한다는 게 불가능하다.

예를 들어 내 경우, 다른 사람과 부딪히는 사고가 날 때

잘못한 측은 십중팔구 나이다. 앞에서도 이미 말했듯, 나는 오래 전에 암 때문에 왼쪽 눈이 완전히 실명됐다. 그래서 지금 의안(義眼)을 하고 있는데, 겉보기에는 거의 멀쩡한 눈 같아 보인다. 어쨌든 그래서 누군가 왼쪽에서 내게 다가올 경우, 상대는 내가 자신을 보고 있다고 생각하지만 사실 나는 그 사람을 보지 못한다.

그렇게 부분적으로 앞이 안 보여 다른 사람과 부딪힐 때마다, 나는 조그만 창을 통해 잠시 다른 사람의 삶을 들여다보는 기분을 맛보게 된다. 대부분의 사람들은 내가 (평소 연습한 것처럼) 곧 미소를 지으며 진심으로 사과하면 그 사과를 받아들여준다. 그러나 물론 곧장 격앙된 목소리와 몸짓으로 따지고 덤비는 사람들도 있다.

그럴 때 어떤 식으로 반응하느냐 하는 것이 내 행복보다 오히려 그 사람 자신의 행복에 더 중요하다는 걸 깨닫는 데는 그리 오랜 시간이 필요하지 않았다. 결국 상대의 행동을 악의로 해석하는 사람들은 스스로를 불행하게 만드는 것이다. 미국 청량음료 기업 펩시코Pepsico의 최고경영자 인드라 누이Indra Nooyi는 그걸 이렇게 설명했다.

"악의로 받아들일 경우, 화가 나게 되죠. 그러나 만일 분노를 거둬들이고 선의로 받아들인다면, 정말 놀라운 일이 생기게 되죠……. 굳이 방어적인 자세를 취할 필요도 없고, 소리소리 지를 필요도 없죠. 그냥 상대를 이해하려 애쓰며 귀를 기울이는 겁니다."

그런 경우는 드물지만, 설사 명백한 악의에 맞닥뜨리더라도, 그 상황을 긍정적으로 받아들이는 것이 당신에게 득이다. 그래야 남은 하루 동안 더 이상 그 일 생각을 하며 마음 상하지 않아도 되기 때문이다. 사노라면 매일 친구나 낯선 사람들을 만나게 되는데, 최대한 많은 대인관계가 처음 만났을 때보다 나중이 조금이라도 더 좋아지게 만드는 걸 당신의 임무로 삼도록 하라.

빈도에 집중하라

모든 인간관계는 상호작용으로 이루어진다. 오늘 누군가를 처음 만나 부정적인 경험을 하게 된다면, 그 사람은 앞으로 다시 만나고 싶지 않을 것이다. 그러나 긍정적인 경험을 하게 된다면, 그 사람과는 건강한 인간관계를 맺게 될 가능성이 훨씬 높다. 대인관계에서 이런 등식은 아주 명백하다. 많은 사람들이 기존의 대인관계도 더 좋아지려면 규칙적이고 잦은 상호작용이 필요하다는 것을 잘 안다.

니콜라스 크리스타키스 박사가 1990년대에 처음 발견한 사실이지만, 당신이 온종일 만나는 사람들이 당신의 행복에 지대한 영향을 준다. 2008년에 그와 그의 동료인 제임스 파울러James Fowler 교수가 인간관계가 행복에 미치는 영향을 연구한 결과, '물리적 근접성'이 내가 짐작한 것보다 훨씬 더 큰 역할을 했다. 만일 실험 참여자의 한 친구가 그 참여자의 집으로부터 1마일(약 0.8킬로미터) 이내 떨어진 곳에 살고 있고 또 행복하다면, 그 참여자 역시 행복해질 가능성이 40퍼센트 이상 커졌다.

그러나 만일 어떤 친구가 실험 참여자의 집으로부터 2마일(약 3.2킬로미터) 이내 떨어진 곳에 살고 있다면, 그 영향력은 반으로 줄어 20퍼센트 정도였다. 또한 친구가 참여자의 집으로부터 3마일(약 4.8킬로미터) 이상 떨어진 곳에 살고 있다면, 그 효과는 10퍼센트까지 떨어졌다. 거리가 멀수록 영향력은 계속 줄어든 것이다. 니콜라스 크리스타키스 박사와 제임스 파울러 교수는 이런 말을 했다.

"깊은 교류보다는 잦은 교류가 행복의 전파에 더 큰 영향력을 미치는 것 같습니다."

그런 까닭에 설사 서로 다른 도시나 나라에 살고 있다 해도, 잦은 교류를 하다 보면 인간관계가 더 돈독해지기도 한다. 멀리 떨어져 있어도 많은 시간을 투자한다면 친밀감을 유지하고 강화하는 데 큰 도움이 된다는 얘기인데, 물론 요즘은 각종 첨단과학 및 소셜 네트워크 덕에 그렇게 하는 게 훨씬 더 쉽다.

프린스턴대학교의 한 연구팀은 2013년 논란이 많았던 한 연구를 통해, 이른바 '네트워크를 통한 대규모 감정 전염'이라는 것을 발견해냈다. 인간의 감정이 간단한 온라인 교류를 통해 다른 사람들에게 전염될 수 있는지를 알아보기 위해, 연구팀은 유저 68만 9,003명의 페이스북 뉴스 피드(news feed. 뉴스 내용을 한 온라인 뉴스 서버에서 다른 뉴스 서버로 전달하는 것. 그렇게 함으로써 인터넷상에 있는 많은 뉴스 서버 간에 뉴스가 교환되어 전 세계로 퍼져나간다. - 역자 주)에 의도적으로 손을 댔다. 그런데 그 일이 유저들이 실험 참여 의사를 밝히지도 않은 상태에서 진행되어 논란이 되었다.

연구팀이 페이스북 뉴스 피드에서 의도적으로 긍정적인 표현을 줄이자, 사람들의 긍정적인 포스팅 역시 줄어들고 대신 부정적인 포스팅이 늘어났다. 그러나 연구팀의 의도적으로 부정적인 표현을 줄이자, 그 반대 현상이 일어나 사람들의 긍정적인 포스팅이 늘어났다.

이 연구를 통해, 우리는 매일매일의 교류가 일상의 경험에 미치는 영향이 너무 과소평가되고 있다는 사실을 알 수 있다. 당신이 친구로 생각하든 아니면 그저 이름만 아는 사람으로 생각하든, 매일 또는 매주 만나는 모든 사람이 우리의 행복에 영향을 주는 것이다. 그러니까 당신은 하루 종일 만나는 모든 사람과의 대화에 긍정적인 기운을 불어넣어 그들 모두에게 긍정적인 영향을 줄 수 있는 것이다.

적어도 80퍼센트는
긍정적이 되라
— **Chapter 10**

누군가 허구한 날 긍정적인 경우, 나는 그 사람을 설득해 현실을 직시하게 만들려 애쓴다. 자나 깨나 노상 부정적인 사람도 많지만, 자나 깨나 노상 긍정적인 사람도 내 생각보다 많다. 두 종류의 사람들 모두 다른 사람들을 당혹스럽거나 짜증나게 만들거나 또는 사람들을 멀어지게 만든다.

일상의 경험과 관련된 명쾌한 연구들이 긍정적인 대인관계와 부정적인 대인관계의 비율을 중시하는 것도 바로 이 때문이다. 지난 20여 년간, 과학자들은 순전히 사람들의 대인관계를 관찰한 뒤 긍정적인 대인관계와 부정적인 대인관계의 비율을 토대로 대화의 수준을 평가함으로써, 이후의 대인관계를 놀랍도록 정확히 예측해냈다. 그러니까 자신들의 연구 결과를 토대로 어떤 부부의 이혼 가능성에서 어떤 사업팀의 고객 만족도 및 생산성 향상 가능성에 이르는 모든 것을 정확히 예측한 것이다.

보다 최근에 행해진 한 연구는 이처럼 소소한 대인관계들이 왜 그렇게 중요한지를 설명해준다. 예를 들어 누군가로부터 비난을 받거나 거절을 당해 부정적인 감정에 휩싸이게 될 경우, 우리 몸에서는 스트레스 호르몬인 코르티솔이 분비되고, 그 결과 사고 능력이 저하되고 갈등 및 방어 메커니즘이 작동하게 된다. 그리고 이런 투쟁-도피 반응(외부 스트레스에 대해 맞서 싸울 건지 아니면 피할 건지를 결정하는 생리적 반응 - 역자 주)에 빠질 경우, 우리는 상황을 실제보다 더 안 좋게 보게 된다. 또한 코르티솔이 분비되면 반응 시간이 길어져, 특히 부정적인 생각에 매달릴 때 그 반응이 한동안 가게 된다.

그러나 긍정적인 대인관계를 경험할 경우, 우리 몸에서는 전혀 다른 반응이 일어난다. 긍정적인 대인관계를 경험할 때는 몸에서 행복 호르몬인 옥시토신이 분비되며, 그 결과 소통 및 협조 능력은 물론 다른 사람에 대한 신뢰도도 올라가게 된다. 또한 옥시토신은 뇌 속 전전두피질 활동을 활성화시켜, 사고 및 행동 능력이 더 강해지게 된다. 그러나 옥시토신보다는 코르티솔의 작용 시간이 더 길며, 그래서 긍정적인 감정보다는 부정적인 감정이 더 강하고 또 더 오래간다.

대인관계에서 발생하는 부정적인 말이나 행동 한 가지의 영향을 덮으려면 적어도 긍정적인 말이나 행동 셋 내지 다섯 개는 필요하다. 한 동료와 일대일 대화를 하든 아니면 여러 명과 집단 토론을 하든, 마음속에 늘 이 말을 새겨두어야 할 것이다. '적어도 대화의 80퍼센트는 긍정적인 얘기가 되게 하라.'

그러나 유감스럽게도 직장에서는 이것이 반대인 경우가 많다. 인사고과를 할 때, 관리자들은 80퍼센트의 시간을 직원들의 결점과 개선이 필요한 면들을 파고드는 데 쓰고, 정작 중요한 직원들의 장점과 긍정적인 면들을 살피는 일에는 약 20퍼센트의 시간밖에 쓰지 않는다. 이 점에서 관리자들은 거꾸로 갈 필요가 있다. 혹 앞으로 일대일 대화를 하든 집단 토론을 할 기회가 있다면, 대부분의 시간은 긍정적인 말을 하는 데 쓰고 그 나머지 시간은 부정적인 말을 하는 데 쓰도록 하라.

긍정적인 말들을 접착제로 활용하라

우리가 사용하는 거의 모든 말에는 긍정적인 기운이나 부정적인 기운이 담겨 있다. 그리고 다행히도 인간의 표현 속에는 연구원들이 말하는 이른바 '긍정적인 편견'이 들어 있다. 그래서 사람들이 사용하는 말은 거의 다 부정적인 말보다는 긍정적인 말이다. 이 주제와 관련해 여러 나라에서 행해진 대규모 연구들에 따르면, 글 쓰는 작업에 사용되는 말 다섯 개 가운데 네 개 정도는 긍정적인 말이었다.

직접 말로 하든 아니면 글로 쓰든, 긍정적인 말들은 인간관계를 돈독하게 이어주는 접착제와 같다. 사람과 사람 간에 오가는 대부분의 대화와 서신과 이메일에 들어가는 말 가운데는 긍정적인 말이 압도적으로 많다. 그리고 그렇게 긍정적인 말들이 많기 때문에, 설사 아주 부정적인 말들이 들어간다 해도 그 속에 파묻혀버리고 만다.

부정적인 기운을 담고 있는 말들은 긍정적인 기운을 담고 있는 말들에 비해 대략 네 배는 더 무겁다. 그래서 친구에게 메시지를 보내며 부정적인 말 한 마디를 할 경우, 상대가 그 충격에서 벗어나게 하려면 대략 긍정적인 말 네 마디 정도는 해야

<u>한다</u>. 또 만일 동료와 온라인상에서 글로 논쟁을 벌이며 상대가 부정적으로 받아들일 문장들을 쓴다면, 그 문장 수만큼 두 사람 관계는 헝클어질 것이다.

그러므로 앞으로 누군가에게 이의를 제기하거나 어려운 얘기를 꺼내거나 안 좋은 소식을 전해야 할 때는 반드시 긍정적인 말들도 끼워 넣도록 하라. 그리고 또 전체 대화에서 긍정적인 말이 부정적인 말보다 훨씬 더 많은 비중을 차지하게 하라. 그런 다음 더 구체적이고 희망적인 행동으로 대화를 마무리하는 것이다.

그리고 상대로 하여금 당신이 말하는 변화의 긍정적인 결과를 볼 수 있게 해주어라. 만일 균형이 맞지 않을 만큼 부정적인 말들을 많이 퍼붓는다면, 상대는 아예 마음의 문을 걸어 잠그고 귀도 닫아버릴 가능성이 크다.

예를 들어 교사들의 경우, 학부모 면담을 할 때 이 얘기를 마음속에 새기라는 말을 자주 듣는다. 면담이 긍정적인 말로 시작될 때, 학부모들 역시 더 열심히 귀 기울이고 받아들이기 때문이다.

언제든 다른 사람과 대화할 때는 긍정적인 말들을 접착제처럼 활용할 필요가 있다는 걸 잊지 말도록 하라. 긍정적인 말들은 그 순간에는 별것 아닌 것처럼 보일 수도 있지만, 하나하나가 다 상대의 가슴에 와 닿는다. 만일 친구들이 당신 문자 메시지나 전화를 받을 때마다 기분이 좋아진다는 걸 잘 안다면, 당신과 친구들의 관계는 갈수록 더 돈독해질 수밖에 없을 것이다.

적어도 관심은 보여라

딱히 할 말이 없더라도, 적어도 뭔가 말은 하도록 하라. 내가 자랄 때 들은 얘기와는 반대로, 사람에게 부정적인 말들보다 더 큰 상처를 주는 게 무시하는 것이다. 2014년 캐나다 연구팀이 실시한 한 연구에 따르면, 직장에서 동료들에게 무시당하는 것은 집단 괴롭힘이나 따돌림을 당하는 것보다 정신 및 육체 건강에 훨씬 더 안 좋다고 한다.

그 연구의 공동 저자들 중 한 사람은 이런 말을 했다.

"우리는 누군가가 문제가 있을 경우 아예 신경 쓰지 말고 무시해버리는 것도 한 방법이라고 배웠지만, 무시하는 건 관심을 보일 가치조차 없다는 뜻이므로 사람을 그만큼 더 비참하게 만듭니다."

이 연구에 참여했던 사람들은 누군가를 무시하는 걸 더

안전하면서 상대에게도 상처를 덜 주는 방법이라고 생각했지만, 실은 그게 생각보다 더 큰 상처를 주는 일이었다. 직장 내에서 무시당한 사람들은 집단 괴롭힘을 당했다는 사람들보다 업무 참여도가 낮았고 이직률도 높았으며 건강 문제도 더 많았다.

이 연구에서 무시당하는 것을 집단 괴롭힘 당하는 것과 비교한 건 드라마틱하지만, 전반적인 연구 결과는 내가 그간 연구해온 것과 상당 부분 일맥상통한다. 관리자가 우리에게 전혀 관심을 주지 않을 경우, 줄곧 단점들을 질책하는 경우보다 오히려 업무 성과가 거의 절반밖에 나오지 않는다.

사람들은 대개 다른 사람에게 관심을 보이는 게 얼마나 소중한 일인지를 제대로 인식하지 못한다. 사람은 남들에게 무시를 당할 경우 최악의 경우를 생각하는 경향이 있다. 평소 자주 얘기를 나누던 누군가가 갑자기 거리를 두고 다가오지 않는다면, '내가 뭔가 그 사람 기분을 상하게 한 일을 한 게 아닐까?' 이런 생각을 하게 된다. 그런데 대개의 경우 사실은 그렇지 않다. 그러나 우리 뇌는 대화 부족을 뭔가 훨씬 더 안 좋은 일로 받아들인다.

심지어 부정적인 반응을 보이는 것이 아무 반응 없이 그냥 무시하는 것보다는 낫다. 다른 사람들이 당신 비난을 한다면, 적어도 그들은 당신에게 관심이 있다는 얘기다. 가장 좋은 것은 이런저런 격려를 하면서 현실적으로 따끔한 말도 해주는 것이다.

작은 일들부터 시작하되
분명히 하라

— Chapter 11

사회가 당신 대신 행복의 의미를 결정하게 된다면, 당신은 절대 이길 수 없는 경주를 시작하게 되는 것이다. 사회는 진정한 삶의 만족감을 맛보려면 계속 뭔가 더 해야 한다고 요구해올 것이기 때문이다. 마케팅 전문가들은 당신을 상대로 현재 갖고 있는 것 이상을 소비하게 만들기 위해 틈나는 대로 계속 다음 언덕 꼭대기에 도착하면 왜 더 행복해지는지를 이해시키려 들 것이다. 이런 경주에 휘말려들게 될 경우, 당신은 절대 이길 수 없다.

다행히 당신의 일상에 긍정적인 기운을 불어넣는 일들은 대개 아주 작은 일들이며, 그 일을 하는 데 많은 돈이 들지도 않는다. 출근하면서 배우자에게 따뜻한 말 한마디를 건네는 일, 동료의 책상 앞에 잠시 멈춰 서서 칭찬 몇 마디를 던지는 일, 화창한 날 발걸음도 가볍게 산책에 나서는 일, 가장 친한 친구에게 전화를 걸어 그 친구가 가장 필요로 하는 순간에 관심을 보여주는 일 등이 좋은 예이다.

스탠퍼드대학교와 하버드대학교 경영대학원이 최근에 실시한 한 연구에 따르면, 사소한 제스처들이 큰 행동들보다 다른 사람을 행복하게 만드는 데 더 효과가 있을 수 있다. 연구팀은 여러 실험들 중 하나로 한 그룹의 연구 참여자들에게는 다른 사람을 행복하게 만들어보라는 임무를, 또 다른 연구 참여자들에게는 그저 다른 사람을 미소 짓게 만들어보라는 임무를 부여했다. 그 결과, 누군가를 미소 짓게 만들기위한 단순하면서도 작은 행동들이 누군가를 전반적으로 행복하게 만들기 위한 광범위하면서도 모호한 시도들보다 훨씬 더 효과적이었다.

그 연구의 저자들은 이렇게 말했다.

"사람들의 직감과 달리, 다른 사람들을 더 행복하게 만들겠다는 구체적인 작은 목표로 이뤄지는 행동들이 추상적인 큰 목표로 이뤄지는 행동들보다 더 효과가 있습니다."

이 같은 연구 결과를 통해 우리는 더 큰 문제들을 해결하기 위한 놀랄 만큼 간단한 방법을 알 수 있다. 그러니까 예를 들어 한 친구가 어려움에 처할 경우, 무엇보다 먼저 그 친구의 기운을 북돋아줄 작은 행동부터 시작하고, 더 큰 문제들에 대해서는 그 다음에 생각하는 것이다.

대화를 할 때 질문을 최대한 활용하라

의도적으로 누군가와 처음 대화를 나누게 되든, 아니면 자연스레 대화를 시작하게 되든, 새로운 사람들과의 대화에서는 뭔가 얻는 게 있다. 그런데 사람들로 붐비는 방 안에서 알지도 못하는 누군가와 대화를 시작한다는 건 생각보다 힘든 일일 수도 있다. 사실 내 경우, 그런 상황을 상상만 해도 심장이 뛴다.

그런데 내가 터득한 바로는, 적절한 질문들을 던지고 상대의 대답에 열심히 귀 기울인다면, 낯선 사람과의 대화가 더 쉬워질 수 있다. 이런저런 질문을 하게 되면, 대화를 시작하거나 이미 진행 중인 대화에 끼어들기 위해 뭔가 재미있는 얘기를 해야 한다는 부담을 느끼지 않아도 된다. 나는 사람들을 설득하는 재주는 없지만, 관심 있는 사람들을 유심히 관찰하거나 관심 있는 사람들에 대해 배우는 것은 좋아한다.

특히 당신의 영향력을 의심하거나 다른 사람들이 당신을 신뢰하지 않을 때 또는 새로 토론에 뛰어들려 할 때는 질문을 던지는 것이 훨씬 더 효과적이다. 영국의 한 연구팀이 여러 해 동안 협상의 달인들에 대한 기록을 연구한 적이 있다. 당시 그들은 질문이야말로 다른 사람들을 설득하는 데 가장 효과적인 수단들 중 하나라는 걸 발견했다. 평범한 협상가들은 전체 협상 시간 중 10퍼센트도 안 되는 시간을 질문하는 데 썼다. 그러나 성공률이 가장 높은 뛰어난 협상가들은 전체 협상 시간의 21퍼센트를 질문하는 데 할애했다.

사람들은 자기 자신의 얘기를 하는 걸 좋아한다. 사람들이 매일 다른 사람들에게 하는 이야기의 40퍼센트는 자신의 생각과 느낌들이라는 통계도 있다. 과학자들에 따르면, 사람이 자기의 얘기를 할 때 음식이나 돈 얘기를 할 때만큼이나 뇌의 보상 센터가 활발히 움직인다고 한다. 이 주제를 놓고 뇌 스캐닝을 비롯한 다양한 실험을 실시했던 하버드대학교 신경과학자 다이내나 타미르Diana Tamir는 이렇게 설명했다.

"자신의 모든 것을 털어놓는 자기노출은 추가

보상이 있습니다. 사람들은 자기 얘기를 하기 위해 돈 쓰는 것도 마다하지 않았어요."

　당혹스러웠던 순간이나 실수 등, 자신에 대한 얘기를 솔직히 털어놓으면 털어놓을수록, 상대는 대개 그만큼 더 당신을 신뢰하게 된다. 그러니 자신의 작은 실수나 타고난 기벽 등을 그대로 인정하도록 하라. 일련의 실험 결과에 따르면, 사람이 다른 사람들에게 겸손한 모습을 보이고 남들에게 말하기 힘든 실수 등을 솔직히 털어놓는 것은 부끄러워해야 할 일이 아니라 자랑스러워해야 할 장점이라고 한다. 그러니까 겸손함이 신뢰를 낳는다는 것이다.

　UC 버클리대학교 연구팀이 이 같은 인간관계 경향들에 대한 연구를 한 바 있다. 그 결과에 따르면, 사람들은 남들 앞에서 당혹스런 모습을 보이는 걸 굳이 숨기려 하지 않는 사람을 좋아한다고 한다. 그 예를 보여주기 위해, 연구팀은 남들 앞에서 당혹스런 장면을 연출하고 있는 대학생 60명의 모습을 비디오에 담았다. 그 비디오에는 사람들 앞에서 뻔히 보이는 허세를 부리는 장면, 살이 찐 여성을 임산부로 잘못 보고 실수하는 장면, 기타 겉모습을 보고 웃지 못할 실수를 하는 장면 등 여러 당혹스런 장면들이 들어 있었다. 그런 다음 연구팀은 학생들이 보여준 당혹스런 모습들에 등급을 매졌다.

사람들은 대개 이처럼 남들 앞에서 당혹스런 모습을 보이는 사람들에 대해 이후 더 협조적이며 관대한 태도를 보였다. 따라서 이 연구 결과에 따르면, 남들 앞에서 당혹스런 모습을 보이는 것에 대해 걱정할 필요가 없다. 그리고 실제 그런 상황에서의 자기 모습을 있는 그대로 보여주는 것이 오히려 더 신뢰를 얻을 수 있고 대인관계도 더 좋아진다.

나는 한때 남들 앞에서, 특히 한 분야의 전문가로서 내 자신의 불안정하고 나약한 면을 내보이는 걸 아주 싫어했다. 그러나 지금은 남들 앞에서 내 자신을 웃음거리로 만드는 게 오히려 가장 안전한 일이라는 걸 잘 안다. 특히 서로 잘 모르는 상황에서 다른 사람들의 감정을 상하게 하는 것보다는 그게 훨씬 더 안전하다.

또한 사람들에게 자신의 두려움과 결점, 어리석음 등을 털어놓다가 서로 재미있는 이야기들을 나누게 되는 경우도 많다. 그러다가 지속적인 인간관계로 발전되기도 한다. 좋은 점이든 나쁜 점이든 또는 말하기 난처한 점이든, 자신의 모든 것을 솔직히 털어놓게 되면 시간 절약도 많이 된다. 남들에게 군이 원래의 자기 모습과 다른 모습을 보이려 애쓸 필요가 없기 때문이다.

원만한 인간관계로
속도와 창의성을 높여라

뭔가 더 큰일을 도모하려 하면 모를까, 그전에는 직장 내 인간관계의 필요성을 간과하기 쉽다. 물론 한숨 푹 자고 나서 내일 열심히 움직인다면, 더 잘할 수는 있을 것이다. 그러나 평소 인간관계를 쌓고 유지하지 못하면, 큰일을 하려 할 때 속도도 안 나고 어려움도 많을 것이다.

삶에서 중요한 일들은 대부분 다른 사람들과의 공동 노력으로 이루어진다. 내 경우도 정말 중요한 일은 혼자 해본 적이 없다. 인간관계가 원만하면 일의 성과와 효율성도 높아진다. 예를 들어 평소 같이 일해 볼 기회가 적었던 동료에서 뭔가를 설명하려면 15분이 걸리지만, 아주 친한 동료에게 같은 걸 설명한다면 60초면 끝낼 수 있는 것이다.

친한 사이에서는 모든 게 빠른 속도로 진행되는데, 그것은 감정이 말보다 더 빨리 전달되기 때문이다. 예를 들어 친한 친구가 뭔가 하는 걸 지켜보고 있을 경우, 아무 말 하지 않아도 표정과 손짓 발짓만 보고도 서로의 감정을 읽을 수 있는 것이다. 그리고 누군가와 가까우면 가까울수록, 서로 상대방 말과 행동을 따라하는 경우 또한 많아진다. 결국 친한 사이에서는 더 짧은 시간 내에 훨씬 더 많은 정보를 주고받을 수 있어서, 중요한 일을 할 때 큰 도움이 된다.

심리학자 제임스 페네베이커James Pennebaker는 평생 이 문제를 연구하고 있는데, 그는 이런 말을 했다.

"두 사람 간에 대화가 시작되면, 대개 몇 초도 지나지 않아 말하는 게 서로 닮아가기 시작합니다."

그와 그의 동료들은 결혼한 부부의 말이 서로 닮아가는 현상을 연구했고, 그 결과 결혼 생활이 원만할 때는 부부가 쓰는 말이 비슷해지지만, 결혼 생활에 문제가 있을 때는 덜 비슷해진다는 사실이 밝혀졌다. 이는 상대의 말을 따라하는 것이 돈독한 인간관계의 징조일 수 있음을 보여준다. 그러나 다른 사람의 몸짓이나 얼굴 표정 또는 말을 따라하는 것이 꼭 가장 친한 사이에서만 일어나는 일은 아니다. 전혀 낯선 사람의 얼굴 표정과 몸짓을 따라하는 것만으로도 대화의 질을 높일 수 있다.

직장 동료들 간의 우애는 신뢰의 수준이 어느 정도인가에 따라 결정되며, 또 그에 따라 종일 얼마나 활기 넘치고 효율적인 인간관계를 유지하는지도 결정된다. 이는 한 집단이 창의적인 사고를 필요로 하는 문제를 해결하려 하거나 또는 신제품을 개발하려 할 때 특히 중요해진다. 당신이 만일 시간을 함께 보내는 게 즐거운 사람들과 같이 일한다면, 그것만으로도 기분이 더 좋아질 것이다. 그리고 기분이 좋을수록 창의력도 커지고 사고 범위도 넓어진다는 실험 결과들도 있다. 그런 실험 결과들은 사람들이 직장에서 동료들과 '가장 좋은 친구' 같은 관계를 유지할 때 업무 몰입도가 무려 일곱 배나 더 높다는 갤럽 설문조사 결과를 설명하는 데도 도움이 될 것이다.

연구진이 직장인들에게 직장 내에서 어떻게 돈독한 인간관계를 유지하고 있느냐는 질문을 던졌을 때, 동료 직원들과 친하게 지내는 데 대략 1년 정도의 시간이 걸린다는 답이 나왔다. 좀 더 친한 친구처럼 될 수 있는가 없는가 하는 것은 평소 업무와 무관한 얘기를 얼마나 많이 나누느냐에 달려 있었다. 그 다음 단계는 그야말로 더없이 친한 친구 사이가 되는 것으로, 이 단계에 도달한 사람들은 직장 생활은 물론 개인적인 삶에서 생기는 이런저런 문제들까지 다 털어놓고 함께 해결하려 애썼다. 이처럼 자신의 모든 것을 솔직히 내보이는 자기노출은 가장 강력한 인간관계의 핵심 요소였다.

직장 내에서 돈독한 인간관계를 구축하고 유지하려면 많은 시간과 노력이 필요하다. 그러나 그것은 동료 직원에게 주말에 뭐할 거냐고 물어본다거나 점심 식사를 자주 같이 하는 등, 아주 간단한 일들로부터 시작된다. 그리고 돈독한 인간관계는 일과 행복에 도움이 되기 때문에, 그런 일들은 할 만한 가치가 충분히 있다.

인간관계를 위해
휴식을 취하라

— **Chapter 12**

뱅크오브아메리카Bank of America가 처음 콜센터를 설립했을 때, 고객 전화에 최대한 효율적으로 응대하기 위해 많은 신경을 썼다. 그래서 콜센터 직원들의 휴식 시간도 다른 동료 직원의 휴식 시간과 겹치지 않게 조정했다. 물론 언제든 고객 전화를 받을 수 있게 하자는 게 그 취지였다. 그런데 뜻밖에도 직원들의 이직률이 이해하기 힘들 만큼 높았다.

은행 경영진은 그 문제를 유심히 분석했고, 그 결과 직원들 간에 인간관계도 없고 대화도 없는 것이 문제의 근원이라는 걸 알게 됐다. 직원들 간의 이 같은 응집력 결여가 조직에 미치는 영향은 다른 그 어떤 요소보다 여섯 배나 강했다. 결국 뱅크오브아메리카 경영진은 콜센터의 근무 교대 일정을 대대적으로 손질해, 직원들이 같은 시간대에 점심 식사를 하고 휴식을 취할 수 있게 했다.

그로부터 3개월 후, 똑같은 콜센터 직원들임에도 고객 전화 처리 속도가 23퍼센트 빨라졌고 집단 응집력 또한 18퍼센트 높아졌다. 그리고 그 같은 개선은 1,500만 달러의 총수익 증가로 이어졌다. 은행 분석에 따르면, 직원들 사이에 서로 교류할 기회가 생기면서 인간관계들이 형성되어 자라났고, 그 관계들이 결국 긍정적인 업무 성과로 이어진 것이다.

이미 갖고 있는 것들을 소중히 여겨라

만일 당신의 발전에 관심 있는 사람들과 함께한다면, 당신은 실제 발전할 것이다. 그러나 만일 적대적이고 부정적인 사람들에 둘러싸여 있다면, 당신은 필히 그들 때문에 몰락할 것이다. 이처럼 함께하는 사람들은 행복에서부터 습관과 선택에 이르는 모든 것에 직접적인 영향을 준다.

예를 들어, 한 친구가 담배를 핀다면 당신이 담배를 피게 될 가능성은 61퍼센트 높아진다. 친구의 친구(2차 관계)가 담배를 핀다 해도, 당신이 담배를 피게 될 가능성은 29퍼센트 이상 높아진다. 이런 식의 영향은 3차 관계에까지 미친다. 그러니까 당신 친구의 친구의 친구가 담배를 핀다면, 당신이 담배를 피게 될 가능성도 11퍼센트 이상 높아지는 것이다. 이것이 연구원들이 말하는 인간관계에서의 '전염 효과'라는 것이다. 이는 흡연에서 비만에 이르는 모든 것에 적용된다.

다행히 인간관계에서의 전염 효과는 긍정적인 방향으로도 작용한다. 그러니까 만일 주변에 아주 행복해 하는 친구가 있다면, 당신의 행복 수준이 연봉이 만 달러 올랐을 때보다 더 높아지게 되는 것이다. 이를테면 당신이 누군가에게 친절을 베풀면, 그 사람은 자신이 받은 친절을 다른 사람들에게 나눌 것이고, 그러면 또 그걸 받은 사람들이 또 다른 사람들에게 나눌 것이고, 그렇게 해서 점점 더 많은 사람들이 친절을 베풀게 된다. 어떤 투자든 다른 사람에 대한 투자를 하면 당신이 상상할 수 없을 만큼 큰 보답을 받게 된다.

최근에 행해진 연구 결과들에 따르면, 지속 가능한 행복에 이르는 최선의 방법은 당신이 이미 갖고 있는 것들에 대해 감사하고 가장 소중한 사람들과 함께 계속 긍정적인 경험을 만들어나가는 것이다. 이미 갖고 있는 것들을 소중히 여긴다면, 당신은 계속 발전할 수 있을 뿐 아니라 아무리 가져도 공허하게 느껴지는 일 또한 없게 될 것이다. <u>이미 갖고 있는</u> <u>자원과 관계들을 소중히 여기고 그 범위 안에서</u> <u>움직인다면, 당신의 행복은 더 공고해질 것이다.</u>

휴대폰은 혼자 있을 때 써라

뭔가에 관심을 보이려면 약간의 노력이 필요하지만, 그 보상은 꽤 크다. 친밀한 인간관계보다 우리 삶에 더 큰 가치를 주는 것은 없다. 사람들과 함께할 때는 오직 그들에게만 집중하라고 하는 게 바로 그 이유 때문이다.

당신 주변에는 정신을 뺏을 것들이 수도 없이 많다. 어떤 경우에는 그런 것들이 도움이 되기도 한다. 예를 들어 식료품점 계산대 앞에 늘어선 긴 줄이 줄지 않을 때, 디지털 진정제인 스마트폰은 아주 쓸모가 많다. 주머니 속에서 스마트폰만 꺼내면 인터넷을 할 수 있고, 그러면 지루하고 짜증나는 순간들을 뭔가를 배우거나 친구에게 메시지를 보내는 기회로 바꿀 수 있으니 말이다. 그러나 친구나 동료 또는 사랑하는 사람들과 함께 시간을 보낼 때 스마트폰 같은 걸 만지작거린다면, 그건 오히려 문제가 된다.

실제 '아이폰 효과'라는 제목이 붙은 2014년의 한 연구에 따르면, 휴대폰의 존재만으로도 대화를 망칠 수 있다고 한다. 200명을 대상으로 한 실험에서, 연구진은 단순히 식탁 위에 휴대폰을 놓거나 아니면 실험 참여자들이 손에 쥐고 있는 경우 대화에 방해가 된다는 걸 발견했다. 휴대폰이 눈에 띌 경우, 휴대폰이 보이지 않는 상태에서 이루어지는 대화에 비해 대화의 질 자체가 떨어진 것이다. 실험 참여자들은 휴대폰이 보이지 않을 때 상대의 말에 더 공감이 갔다고 말했다.

휴대폰이 눈에 띌 경우 정신 집중도는 물론 복잡한 업무 수행 능력까지 떨어진다는 연구도 있었다. 계속 이 주제와 관련된 글들을 읽으면서, 내 사고 패턴에 약간의 변화가 생겼다. 그러니까 현재 나는 그저 아무 때나 편히 전화를 받으려는 취지임에도 불구하고, 식탁 위에 휴대폰을 놓을 경우 예전보다 훨씬 더 신경이 쓰인다. 아예 벨소리를 죽여놓거나 휴대폰을 꺼 놓아도 마찬가지다. 휴대폰이 눈에 띄는 것만으로도 집중력도 떨어지고 인간관계의 질도 떨어지는 것이다.

당신은 딴 데 정신 팔지 않고 오로지 다른 사람들의 말에만 집중함으로써, 얼마나 그들의 생각과 의견과 시간을 중히 여기는지를 보여줄 수 있다. 상대의 말에 열심히 귀 기울이는 것이야말로 새로운 인간관계를 만들거나 기존의 인간관계를 공고히 하는 데 더없이 좋은 방법이다. 또한 다른 사람의 관점을 이해하기 위해 시간을 조금씩 투자하면서, 당신은 이런저런 것들을 배우고 성장하고 사고의 영역도 넓힐 수 있다.

그런데 유감스럽게도 사람들이 말을 할 때, 우리는 대개 진심으로 귀 기울이지 않는다. 나름대로 열심히 귀 기울이고 있는 척하고 있을지 몰라도, 대개 상대는 그게 아니라는 걸 뻔히 안다. 사람들은 힐끗 얼굴 표정만 봐도 상대의 마음을 읽을 수 있기 때문이다. 그래서 상대의 말에 진심으로 귀 기울이지 않을 경우, 내색만 안할 뿐이지 상대 역시 거의 무의식적으로 그걸 알아챈다.

열심히 말하고 있는데 상대는 딴 생각을 하고 있는 게 분명해 보일 때, 얼마나 기분이 안 좋은지 경험해봤을 것이다. 사람들은 상대의 말을 들을 때 실제 갖고 있는 집중력의 25퍼센트밖에 쓰지 않는다는 연구 결과도 있다. 상대의 말보다는 머릿속에서 움직이는 생각들이 훨씬 더 빠르고, 그래서 동시에 여러 생각도 할 수 있기 때문이다.

단순히 같은 방에서 서로 눈을 마주보고 있다고 전부는 아니다. 또한 누군가 말을 할 때 당신이 휴대폰 문자 메시지를 확인하고 있지 않다 해도, 생각은 얼마든지 다른 데 가 있을 수 있다. 좀 찔리는 말이지만, 내 경우 누군가 말을 할 때 다음에 내가 할 말을 생각하느라 그 사람 말을 제대로 듣지 못하는 경우가 많다. 사람은 보통 상대 말에 귀 기울이는 시간이 17초밖에 안 되며, 그 시간이 지나면 상대 말을 끊고 자기 말을 한다는데, 그 또한 문제다.

당신이 기왕 누군가와 같이 식사를 하거나 어딘가로 드라이브를 가거나 산책을 하기로 마음먹었다면, 딴 생각하지 말고 그 사람에게만 신경 쓰도록 하라. 누군가와 함께 있으면서 계속 휴대폰을 꺼내 전화를 한다거나 애플리케이션을 사용한다거나 문자 메시지를 확인한다면, 그건 상대방의 시간을 중요하게 생각하지 않는다는 걸 보여주는 것이나 다름없다. 기왕 함께 시간을 보내기로 했다면, 오직 그 사람에게만 전념하도록 하라.

경험을 우선시하라

— Chapter 13

그간 살아오면서 가장 기억에 남는 휴가나 여행, 이벤트, 경험 등을 떠올려보라. 그런 순간들이 많겠지만, 그중에서도 특히 소중한 사람들과 함께 보낸 순간들을 떠올릴 때(여러 해 전 일이라 해도) 가장 행복하다는 걸 알 수 있을 것이다. 가장 멋진 경험들은 몇 년이고 계속 좋은 추억과 행복을 떠올리게 하는 것이다.

돈은 다른 사람들과 함께하는 의미 있는 경험에 쓸 때 가장 가치가 있다. 사람들은 아직 돈을 이보다 더 가치 있게 쓸 수 있는 방법은 찾지 못했다. 사랑하는 사람들과 함께하는 여행을 떠올리면서 여행 전과 여행 중, 또 여행 후에 느끼는 감정들을 생각해보라. 만일 여러 달 먼저 휴가 계획을 짠다면, 우리는 몇 개월간 짜릿한 기대감을 경험하게 될 것이다. 그런 다음 친구나 가족들과 함께 실제 여행을 즐기는 경험을 하게 될 것이고, 그 모든 것이 여러 해 후에도 즐거운 추억으로 남게 될 것이다.

이 모든 것과 새 셔츠를 살 때 맛보는 값싼 스릴을 비교해보라. 새 자동차를 살 때 느끼는 스릴도 좋다. 사는 순간에야 짜릿한 행복감을 맛볼 수 있을지 모르지만, 꽉꽉 막히는 복잡한 월요일 아침 출근 시간에 차 안에 앉아 있다 보면 새 차를 산 데서 오는 그 짜릿함은 곧 사라지게 된다. 그러나 배우자와 함께 근사한 저녁 식사를 한다거나 연주회를 간다거나 아니면 아이들을 데리고 야구장 같은 데를 찾아가는 일 등은 어떤가? 자신을 위해 쓰는 돈보다는 소중한 사람들과 함께하는 경험에 쓰는 돈이 훨씬 더 가치가 있다.

한 가지 예외가 있다면, 책이나 비디오, 스포츠 용품, 악기처럼 뭔가 배우고 성장하는 데 도움이 되는 제품들을 사는 것이다. 2014년에 나온 한 연구에 따르면, 경험을 위한 제품들을 사면 사람이 더 행복해질 수 있다고 한다.

라이언 하웰Ryan Howell은 소비 습관에 대한 연구로 유명한 샌프란시스코주립대학교의 심리학 교수인데, 그는 사람들이 경험을 위한 구매의 가치를 과소평가하고 있다며 이런 말을 했다.

"우리는 사람들이 아주 잘못 생각하고 있다는 걸 알게 됐습니다. 사람들은 경험이 단지 일시적인 행복을 줄 뿐이라고 생각하고 있는데, 실은 경험이 더 큰 행복과 더 지속적인 가치까지 안겨주거든요."

라이언 하웰 교수의 연구에 따르면, 사람들에게 일반 제품을 구매한 지 2주 후에 얼마나 행복할지 짐작해보라고 하면, 그 짐작은 거의 정확히 맞는다고 한다. 그러나 사람들에게 경험을 위한 제품을 구매한 지 2주 후에 돈을 얼마나 잘 썼나 스스로 평가해보라고 하면, 애초의 짐작보다 106퍼센트나 더 높게 나타난다고 한다.

"일반 제품들은 세월의 흐름과 함께 스러져가지만, 삶의 경험들은 계속 살아 숨 쉬거든요." 라이언 하웰 교수의 말이다.

경험을 위해서라면, 그러니까 예를 들어 스포츠 경기나 콘서트 입장권을 사기 위해서라면, 줄을 서서 기다리는 일조차도 더 즐겁게 느껴진다. 경험을 위한 제품을 구매할 경우, 일반 제품을 구매했을 때보다 행복이 더 오래갈 뿐 아니라 동시에 여러 사람을 행복하게 만들어주기도 한다. 다른 사람과 함께하는 경험에 돈을 쓸 경우, 한 푼 한 푼이 다 행복 증폭제 역할을 하는 것이다.

그러나 대부분의 사람들, 특히 대부분의 미국인들은 경험을 위한 제품보다는 일반 제품에 훨씬 더 많은 돈을 쓴다. 일반적인 미국 가정의 경우, 연간 지출액의 무려 50퍼센트가 자동차 및 주택과 관련해 나간다. 그 결과 적어도 퍼센트 측면에서 봤을 때, 더 바람직한 것들, 그러니까 음식이나 취미 생활, 여행, 기타 다른 레크리에이션 등에 투자할 돈이 별로 남지 않게 된다. 그러나 다른 선진국 국민들의 경우, 연간 지출액의 30퍼센트에서 40퍼센트만 자동차와 주택과 관련해 나가며, 그 결과 미국보다 두세 배 많은 소득을 경험을 위한 제품 구매에 쓸 수 있다.

여기서 한 가지 유의할 점은, 당신이 순전히 다른 사람들을 의식해 어떤 경험을 함께하는 데 돈을 쓴다면, 행복해지는 데 별 도움이 되지 못한다는 것이다. 이와 관련해 라이언 하웰 교수는 이런 말을 했다.

"왜 사려 하는가 하는 것은 무엇을 사려 하는가 하는 것
만큼이나 중요합니다. 그러니까 당신이 만일 다른 사람들을
의식해 삶의 경험들을 사려 한다면, 거기서 얻을 수 있는 행
복마저 날려버리게 되는 것입니다."

라이언 하웰 교수의 연구에 따르면, 경험은 사람들을 더
행복하게 만들어준다. 그것은 경험이 인간의 성장에 필요한
기본적인 심리학적 요인들, 그러니까 만족감과 독립감, 소속
감 등을 충족시켜주기 때문이라 한다.

그는 241명을 대상으로 설문 조사를 실시했다. 그 결과
그들이 경험을 돈 주고 사려는 동기가 무언지에 따라 그런
심리학적 요인들을 충족시킬 수 있느냐 없느냐가 결정된다
는 사실을 알게 됐다. 그는 또 삶의 경험들을 돈 주고 사는
사람들은 그 결과에 훨씬 더 만족하는 경우가 많은데, 그건
그 경험들이 그들의 욕구와 관심 그리고 가치관과 잘 맞아
떨어지기 때문이라는 사실도 밝혀냈다.

다른 누군가를 위해 행복을 사라

하버드대학교 경영대학원 교수인 마이클 노튼Michael Norton은 그간 주로 돈과 전반적인 행복 간의 관계에 대해 연구해왔다. 그리고 자신의 연구를 통해, 그는 단순한 부의 축적이 인간에게 가장 중요한 것은 아니라는 사실을 알게 됐다. 그는 이렇게 설명했다.

"돈을 모으는 것 자체가 나쁘다는 건 아닙니다. 그 과정에서 사람들이 그럴 가치가 없는 일에 몰두하게 된다는 게 문제인 거죠."

돈을 모으는 것보다 더 중요한 것은 돈을 어떻게 쓰느냐 하는 것이다. 마이클 노튼 교수에 따르면, 자기 자신을 위해 돈을 씀으로써 틀에 박힌 삶에서 벗어날 수 있다는 믿음이야말로 사람들이 가장 빠지기 쉬운 함정들 가운데 하나이다. 극단적인 경우, 대궐 같은 집에 살고 최고급 승용차들을 몰고 다니면서도 친구 하나 없이 극심한 우울증에 시달릴 수도 있다.

다행히 마이클 노튼 교수의 연구는 돈을 쓰는 올바른 방법들도 밝혀냈다. 예를 들면 이런 것이다. 당신이 만일 지금 밖에 나가 혼자 마실 커피를 산다면, 그것은 당신의 행복에 약간의 일조를 할 것이다. 그러나 만일 다른 누군가를 위해 커피를 산다면, 그것은 당신과 다른 누군가를 동시에 행복하게 만들어줄 것이다. 마이클 노튼 교수가 자신의 연구를 통해 깨닫게 된 것은, 사람들은 주로 자기 자신만을 위해 돈을 씀으로써 얼마든지 누릴 수 있는 큰 행복을 스스로 멀리하고 있다는 것이다. 당신이 만일 당신의 돈과 전반적인 행복을 동시에 극대화하고 싶다면, 어떻게 하면 다른 사람들을 위해 돈을 쓸 수 있는지를 생각하기 시작해야 한다.

어떤 제품을 구매하려 할 때, 그것이 다른 사람이나 당신의 인간관계에 어떤 도움이 될 수 있을지 자문해보라. 그래서 당신이 쓰려는 돈이 당신 주변 사람들을 더 행복하게 만들거라는 게 분명해 보인다면, 그 돈은 써도 좋다. 그러나 당신이 구매하려는 것이 일시적인 짜릿함은 줄지 모르나 당신이나 다른 사람들에게 지속적인 영향을 주지 못한다면, 그 돈은 쓰지 않는 게 좋다. 또한 물질적인 소유에 관심이나 가치를 덜 둘 경우, 당신의 인간관계는 더 좋아질 것이다.

행복을 미리 계획하라

앞으로 어떤 이벤트를 계획할 때는 그 이벤트가 실제 행해지기 전에 다른 사람들을 얼마나 더 행복하게 만들어줄 것인지 생각해보라. 2006년, 신혼여행 계획을 짜고 있을 때, 나는 우연히 경험의 '기대 효용성'에 대한 초창기 연구를 접하게 되었다. 그 연구에서는 어떤 이벤트가 있을 때, 사전 기대와 직접 이벤트를 경험하는 일 그리고 이후의 추억이 행복에 어떻게 다른 영향을 미치는지를 분석했다.

그 결과, 어떤 이벤트에 대한 기대가 사람들에게 이벤트 그 자체보다 훨씬 더 큰 행복을 준다는 것이 밝혀졌다. 이후의 추억 역시 이벤트 그 자체보다 더 큰 행복을 주었다. 내 경우 처음에는 이 같은 연구 결과에 조금 놀랐었다. 그러나 만일 최근에 가졌던 휴가를 되돌아본다면, 아마 당신 역시 힘겹게 짐을 싸고 공항 검색대를 통과하고 엉덩이에 땀띠 날 정도로 오래 차 안에 앉아 있고 했던 실제 경험들보다는 훗날 떠올리는 추억들이 더 소중하게 느껴질 것이다.

그 연구를 꼼꼼히 훑어보고 난 뒤, 나는 아내를 위해 신혼여행 계획을 깜짝 선물처럼 몰래 준비하고 있었던 게 얼마나 잘못된 일인지를 깨닫게 되었다. 그래서 나는 아내에게 모든 걸 다 털어놓았다. 신혼여행 때 어디를 가고 무엇을 할 것인지 세세한 계획을 전부 다 알려준 것이다. 그리고 오래 지 않아 그게 잘한 일이라는 것이 밝혀졌다. 며칠 후, 아내가 자신의 노트북으로 신혼여행 목적지를 직접 뒤져보고 한 친구와 그곳에 대한 세부 정보들까지 교환했다는 걸 알게 된 것이다.

다음에 다른 사람들과 함께하는 이벤트 계획을 짤 때는 사람들에게 가능한 한 많은 정보를 주도록 하라. 예를 들어 주말을 맞아 지역 공원에 야유회를 갈 계획이라면, 같이 갈 친구나 아이들에게 하루 전 날 그 얘기를 해주는 것이다. 나 는 우리 두 아이에게 늘 그렇게 하려고 애쓰는데, 그러면 아 이들의 기대감 덕에 이벤트 자체가 더 즐거운 경험이 된다.

어떤 이벤트를 하거나 여행을 할 때는, 몇 개월 전에 계획 을 짜도록 하라. 이 문제에 대한 대규모 연구에 따르면, 어떤 이벤트나 여행에 대한 기대감은 사람들을 몇 주 또는 심지 어 몇 달씩 행복하게 만든다고 한다. 설사 그 이벤트나 여행 이 당신이 바라거나 계획한 대로 되지 않더라도, 시간이 지나 돌아보면 아름다운 추억이 된다. 물질적인 일들은 시간이 지 나면 무덤덤해지면서 잊혀지지만, 다른 사람들과 함께한 경 험은 장밋빛 추억으로 남는 것이다. 그러니 만일 해변을 찾았는데 비가 온다거나 놀이공원을 갔는데 사람이 너무 많더라도, 실망하지 말라. 시간이 지나 돌아보면 소중한 사람들과 함께한 멋진 추억이 될 것이니 말이다.

홀로 날지 않도록 하라

— Chapter 14

살아가면서 최고의 순간들이 혼자 있을 때 찾아오는 경우는 드물다. 삶을 가치 있게 만들어주는 순간들은 가장 소중한 사람들과 함께할 때 찾아온다. 그러나 실제로 사람들은 개인적인 성취에 너무 많은 시간과 노력을 쏟는다. 학교 생활에서 직장 생활, 그리고 개인적인 목표들과 관련해, 홀로 추구하는 일에 지나치게 많은 시간을 쏟는 것이다.

삶에서 가장 긍정적인 경험과 가장 부정적인 경험들을 떠올려보라고 하면, 사람들은 한결같이 다른 사람들과 함께한 경험을 삶에 가장 큰 영향을 주는 추억들로 꼽는다. 일련의 연구에서 사람들이 가장 많이 떠올린 순간은 소중한 인간관계가 시작되거나 끝난 순간, 사랑에 빠진 순간, 또는 누군가를 잃어 마음에 큰 상처를 입었던 순간 등이었다. 그 연구의 공동 저자 중 한 사람은 이런 말을 했다.

"간단히 말해, 사람들의 삶에 가장 큰 영향을 준 순간들은 다른 사람들과 관련된 순간들이었습니다."

연구에 참여한 사람들은 열이면 열 다 다른 사람들과 관련된 일을 혼자 겪은 일보다 삶에 더 큰 영향을 미치는 일로 보았다. 어떤 상을 받는다거나 어떤 과업을 완수한다든가 하는 독립적인 일 또는 개인적인 성취는 사람들의 삶에 가장 큰 영향을 주진 못했다.

결국 연구진은 사람들이 다른 사람들과 관련된 일들에서 그렇게 큰 영향을 받는 것은 무언가에 속하고 싶다는 소속감 때문이라는 결론에 도달했다.

당신이 중요시하고 있는 일들을 몇 가지 생각해보라. 그리고 직장에서 어떤 큰 프로젝트를 끝내는 것이든, 학위를 따는 것이든, 아니면 하프 마라톤을 완주하는 것이든, 그 일이 다른 사람도 포함되는 일인지 아니면 순전히 혼자만의 일인지를 살펴보라.

물론 아무리 중요해도 개인적인 일은 25년 정도 후에는 그리 가치 있는 추억이 되지 못할 수도 있다는 사실만 잘 안다면, 설사 순전히 개인적으로 중요한 일을 하더라도 별 문제 없다.

당신의 성공을 통해
다른 사람들도 성공하게 하라

인간관계의 기본 전제는 두 사람은 서로 떨어져 있을 때보다는 함께할 때 더 좋다는 것이다. 예를 들어 부부는 떨어져 있을 때보다는 배우자와 함께 있을 때 더 즐거운 법이다. 또한 직장에서도 인간관계 좋다면 혼자 따로 떨어져 일할 때보다는 동료들과 함께 일하는 것이 한층 더 즐겁다. 문제는 그렇게 소중한 인간관계를 당연시해 소홀히 하는 경우가 많다는 것.

한 연구팀이 새로운 인간관계를 주제 삼아 연구를 해봤는데, 그 결과 평소 사람들과 주고받은 아주 단순한 대화들이 삶에 변화를 준다는 사실을 발견했다. 서로 모르는 실험 참가자들에게 10분간 서로 통성명을 하고 대화를 나눠보라고 한 뒤 공동으로 진행하는 여러 가지 과제를 주었더니, 그 성과가 눈에 띄게 좋아진 것이다. 그러나 실험 참여자들 간의 대화가 서로 경쟁적인 관계에서 이루어질 경우, 대화의 이점과 그 성과는 전혀 나타나지 않았다.

이 같은 실험 결과는 당신이 왜 다른 사람을 만날 때마다 선의로 대할 필요가 있는지를 설명해준다. 서로 선의를 보일 경우, 두 사람이 공동의 목표를 달성하고 그 과정에서 좀 더 행복해질 가능성 또한 더 높아진다. 그러나 어느 한쪽에서 상대를 경쟁자로 본다면, 두 사람의 인간관계는 처음부터 잘못될 가능성이 높다.

정치학자들이 말하는 이른바 제로섬 게임zero-sum gaime(한쪽의 이득과 다른 쪽의 손실을 더하면 제로(0)가 되는 게임 - 역자 주)이라는 것이 있다. 제로섬 게임이란 한정된 파이가 있는데, 한쪽이 일정 부분을 가져가면 다른 한쪽은 그 나머지를 가질 수밖에 없는 게임을 뜻한다. 예를 들어 내가 60퍼센트를 가져간다면, 당신은 아무리 해봐야 40퍼센트밖에 가져갈 수 없는 것이다. 운동 경기나 정치에서는 이처럼 각자 가져갈 수 있는 파이가 한정된 제로섬 경기가 많이 펼쳐진다. 그러나 인간관계를 제로섬 게임으로 보는 것은 인간관계를 가장 빨리 끝내버리는 길이다.

당신이 이기면, 다른 누군가는 진다. 제로섬 게임 의식은 아주 어린 시절부터 형성된다. 특히 경쟁이 심한 문화와 사회일수록 '승자 대 패자' 의식은 한층 더 뚜렷해진다. 어떤 운동선수나 팀이 올림픽에서 금메달을 따거나 월드컵이나 슈퍼볼에서 우승을 했다고 치자. 그 선수나 팀은 승자이고 2등을 한 선수나 팀은 패자인 것이다.

당신이 하는 일과 관련해 말하자면, 당신이 성공하면 대개 다른 사람들은 더 많은 걸 얻게 된다. 당신이 어떤 제품을 개발하거나 기업을 설립한다면, 당신은 일자리와 제품과 고객들을 만들어내게 된다. 물론 경제 전체에도 도움을 주게된다. 당신이 직접 하는 일이 경쟁업체 등으로부터 빼앗아올 수 있는 것보다 더 큰 가치를 만들어내는 것이다. 그래서 다른 경쟁자를 따라잡거나 넘어서는 데 모든 것을 거는 팀이나 조직은 성공할 가능성이 아주 희박한 것이다.

친사회적 인센티브를 활용하라

인센티브라고 하면, 대개 어떤 성취에 대한 개인 보상을 머릿속에 떠올릴 것이다. 그러나 개인 보상은 효과가 없는 경우가 많은데, 그것은 개인 보상이 사람들이 남을 돕는 것보다는 자기 자신의 이익을 추구하는 데 더 관심이 많다는 걸 전제로 한 보상이기 때문이다.

그러나 여러 연구 결과에 따르면, 다른 사람들을 도우려는 욕구는 우리 인간이 갖고 있는 본성의 일부라고 한다. 일부 과학자들은 지금 주는 것이 받는 것보다 훨씬 더 강력한 동기인가 하는 문제를 놓고 탐구 중이다. 듀크대학교 랄린 애닉Lalin Anik 교수가 진행한 흥미진진한 일련의 세 가지 실험에 따르면, 그룹별 인센티브를 실시할 경우 사람들의 업무 실적은 물론 업무 만족도 또한 더 높아진다고 한다.

세 가지 실험 중 한 실험에서, 일부 실험 참여자들은 주어진 과제를 잘해낼 경우 돈으로 보상을 받되, 그 돈은 자기 자신을 위해 무언가를 사는 데 써야 했다. 반면에 다른 사람들과 관계를 중시하는 '친사회적 그룹'에 속한 또 다른 실험 참여자들은 역시 돈으로 보상을 받되, 그 돈을 자신의 팀원 중 한 사람을 위해 써야 했다.

이 실험은 제약업계 외판원들(이들 사이에서는 대개 경쟁이 아주 치열하다)을 상대로 진행됐는데, 돈을 받되 다른 누군가를 위해 써야 하는 인센티브가 주어진 외판원이 자신을 위해 돈을 쓰는 인센티브가 주어진 외판원들에 비해 과제 성취도가 더 높았다.

두 번째 실험은 스포츠 팀들을 상대로 진행됐는데, 참여자들에게 인센티브로 돈을 지불하되 그 돈을 한쪽은 자신을 위해 쓰고 다른 한쪽은 다른 팀원을 위해 쓰는 구도는 첫 번째 실험과 동일했다. 그 결과 친사회적 그룹에 속한 스포츠 팀들은 경기에서 이길 확률이 눈에 띄게 높아졌다. 랄린 애닉 교수의 연구팀은 세 번째 실험에서 은행원들에게 50달러의 보너스를 제공했는데, 단 은행원들이 그 돈을 자신이 속한 은행의 이름으로 자선 단체에 기부하는 조건이었다. 그 결과, 친사회적 기부를 하기로 되어 있는 은행원들은 그렇지 않은 은행원들에 비해 행복도 및 업무 만족도가 확연히 높아졌다.

일을 잘하게끔 사람들에게 동기를 부여하고 싶다면, 다른 사람이나 자신이 속한 팀 전체에 도움이 될 인센티브를 제공하도록 하라. 친구나 동료, 배우자, 또는 아이들이 뭔가를 잘해낼 때, 그들에게 다른 사람들에게 베풀 수 있는 선물을 주도록 해보라. 당신의 시간이나 기타 가치 있는 자원을 기부하도록 해보라. 가장 가까운 친구들 일부와 함께하는 여행을 계획해보라.

또 만일 물질적인 선물을 해줄 생각이라면, 레스토랑 이용권처럼 다른 사람들과 함께할 수 있는 선물을 해주도록 하라. 당신 자신이나 다른 사람들에게 동기 부여를 할 때 꼭 그렇게 해보도록 하라. 잊지 말아야 할 것은, 모든 사람은 천성적으로 받는 것보다는 주는 것에서 더 큰 행복을 느낀 다는 것이다.

누적 이익을 쌓도록 하라

당신이 계속 다른 사람들의 결점만 지적해댄다면, 그 사람들은 자기 능력에 대한 자신감을 상실하게 된다. 그러나 반대로 당신이 다른 사람들의 장점과 성공에 대해 계속 격려나 칭찬을 해준다면, 그들의 자신감은 더 커질 것이다. 게다가 여러 연구 결과에 따르면, 조금이라도 어린 시절에 누군가의 장점이나 성공에 대해 격려나 칭찬을 해줄수록 그 영향이 더 오래간다고 한다.

일부 과학자들은 7,000명 이상의 사람들을 대상으로 진행된 25년 동안의 연구들을 면밀히 검토했으며, 그 결과 어린 시절에 갖게 된 자신감은 소위 말하는 '누적 이익'으로 발전

된다는 사실을 밝혀냈다. 다시 말해, 자신감 넘치는 개인들은 그렇지 못한 개인들과는 비교도 안될 만큼 빠른 속도로 사회에서 발전을 하며, 그 영향은 해가 갈수록 더 커지게 된다는 것이다. 조금이라도 어린 시절에 자신감을 갖게 될수록 그 차이는 더 커지며, 심지어 육체 건강까지도 차이가 생기게 된다. 그러니까 어린 시절에 큰 자신감을 갖게 된 사람들은 육체 건강이 다른 사람들과 비슷한 수준에서 출발하더라도, 25년 후 각종 질환이나 건강 문제에 시달릴 가능성이 다른 사람들의 3분의 1밖에 안 된다는 것이다.

주변 사람들로 하여금 어떤 것이 사람에게 긍정적인 기운을 불어넣어주는지 알 수 있게 해주어라. 당신이 인간관계를 맺고 있는 사람들을 하나하나 떠올려보고, 약간의 격려 내지 칭찬을 필요로 하는 사람이 누구인지 생각해보라. 누구든 당신이 매일의 행복 내지 성공을 더 분명히 볼 수 있게 곁에서 도와준다면, 빠른 속도로 발전할 것이다. 모든 사람에게는 아직 개발되지 않고 묻혀 있는 재능이 있기 때문이다. 어쩌면 당신이 그 사람 특유의 장점을 알아봐주는 유일한 사람일 수도 있다. 그러니 그런 장점이 보인다면, 반드시 상대에게 알려주도록 하라. 내 개인적인 경험에 따르자면, 용기를 주는 몇 마디 말이 생각 외로 오래갈 수 있다.

상대가 잘할 수 있는 것을 알려주어라

나의 할아버지 돈 클리프톤은 평생 사람들의 장점에 대해 연구하셨기 때문에, 나는 어린 시절부터 가족들이 내 재능을 보고 조언해주는 그런 환경에서 자랄 수 있었다. 내가 다섯 살이 될 무렵, 가족들은 내가 독서에 아주 관심이 많다는 걸 알아챘다.

아홉 살 무렵에는 할아버지께서 사업가적인 내 재능을 알아보시고, 스낵류를 파는 조그만 장사를 시작할 수 있게 도와주셨다. 할아버지는 장사할 장소를 찾는 데 도움을 주셨고 스낵류를 대량 구입하는 방법도 알려주셨다. 그리고 아주 기본적인 재무 개념들도 가르쳐주셨다. 그러나 내가 할아버지로부터 배운 가장 소중한 교훈들은 역시 사람과 관계에 대한 것이었다.

초등학교와 고등학교 그리고 대학 시절을 거치면서 나는 내 재능과 관심사가 주로 비즈니스와 연구, 그리고 기술 관련 분야들에 있다는 걸 확실히 알게 되었다. 1998년 대학을 졸업했을 때, 할아버지는 내게 장점에 대한 당신의 연구를 첨단기술과 인터넷이라는 새로운 매체를 통해 더 많은 독자들에게 전달할 수 있게 도와주었으면 좋겠다고 부탁을 하셨다. 그래서 나는 그 이후 몇 년간 할아버지를 위시한 우리 팀과 함께 온라인상에서 자신의 장점을 알아보게 해주는 프로그램 'StrengthsFinder'를 개발하는 일을 했다. 그런데 함께 새로운 프로젝트를 진행하던 그 짜릿한 시기에 할아버지는 위식도암 4기 진단을 받아, 몇 개월밖에 더 살 수 없다는 시한부 판정을 받으셨다.

당시 나는 이미 10년 가까이 암 투병 생활을 해오고 있었고, 그래서 나는 내가 알고 있는 지식을 총동원하고 내 시간을 다 바쳐 할아버지의 수명을 조금이라도 늘리려 애썼다. 그리고 할아버지와 나는 치료법을 찾기 위해 여러 의료 센터들을 찾아다니며 관련 자료들을 있는 대로 끌어 모았다. 그 무렵 나는 과거 언젠가 할아버지가 내게 이런 말씀을 하셨던 게 기억났다. 누군가 세상을 떠나기 전에 사람들이 찬가 같은 걸 써 뭔가 따뜻한 말들을 해주면 좋을 텐데, 그러지 않아 참 아쉽다고 말이다.

그래서 나는 여러 날 밤잠을 설쳐가며 할아버지한테 드리는 아주 길고도 격정적인 편지를 썼다. 그 편지에서 나는 할

아버지가 오랜 세월 내 삶에 얼마나 큰 영향을 주었는지를 설명했다. 물론 그 편지는 기본적으로 아직 살아 있는 사람에게 보내는 찬가 같은 것이었다. 그 편지에는 십대 시절부터 암과 싸워온 내 개인적인 이야기들도 담았고, 삶에 대한 할아버지의 생각과 접근 방식이 내게 얼마나 큰 영향을 주었는지도 아주 상세히 적었다. 또한 그 편지에서 나는 할아버지의 사랑과 보살핌과 생각이 내가 건강 문제를 비교적 잘 극복해오는 데 어떤 도움을 주었는지에 대해서도 소상히 적었다.

그러나 글로 마음을 전달하는 소질이 전혀 없다고 생각한 나는 온 마음을 다 바쳐 쓴 그 편지를 할아버지께 건네 드려야 하나 잠시 망설이기도 했지만, 시간이 별로 없었기 때문에 결국 할아버지께 건네 드렸다. 할아버지는 그 편지를 읽으시고는 깊이 감동 받으셨고 또 아주 고마워하셨다. 거기까진 놀랄 일이 없었지만, 며칠 후 할아버지는 내게 전혀 예상치 못한 말씀을 하셨다.

할아버지는 내 편지를 몇 번이고 읽어보셨다면서, 아무리 봐도 내가 세상사를 글로 옮기는 데 남다른 재능이 있는 것 같다고 하셨다. 그간 어느 누구도 내게 그런 말은커녕 암시조차 한 적이 없었기 때문에, 나는 놀라지 않을 수 없었다.

그러면서 할아버지는 편지에 썼던 내 개인 이야기를 책으로 내보면 어떻겠냐는 말씀을 하셨다. 그래서 나는 글만 다른 누군가가 대신 써준다면, 괜찮을 것 같다고 생각했다.

할아버지는 그렇다면 책은 당신이 쓸 테니 앞으로 2개월 간 당신을 도와줄 수 있겠냐고 물으셨다. 나와 대화를 하시면서 당신의 남은 시간에 대해 언급하신 것은 그게 마지막이었다. 나는 할아버지는 지혜로우셔서 책을 통해 다른 사람들에게 도움을 주실 수 있으리라는 확신이 있었고, 그래서 최선을 다해 그렇게 해보겠다고 약속드렸다. 우리는 이후 2개월간 쉬지 않고 일했고, 그래서 할아버지가 돌아가시기 직전에 그 책 《당신의 물통은 얼마나 채워져 있습니까?》의 초고를 완성할 수 있었다. 그 책은 이후 수백만 독자들에게 할아버지의 평생 연구를 알리는 역할을 해오고 있다. 우리는 얼마 전 그 책을 어린이용으로도 제작했고, 그래서 지금 전 세계의 많은 학교 교실에서 이용되고 있다.

궁극의 장점을 개발하라

할아버지와의 이 개인적인 경험을 통해, 나는 단 한 마디의 말이 평생 지속될 영향을 줄 수도 있다는 사실을 알게 됐다. 거의 30년 동안 내 자신의 재능을 탐색하고 뛰어난 사람들과 인간관계를 맺고 수없이 많은 장점 연구를 한 끝에, 이제 글 쓰는 일은 내가 하고 싶은 마지막 일이 되어버렸다. 통찰력이 있는 누군가가 내게 투자할 만한 가치가 있는 재능이 보인다는 얘기를 해주었고, 그 통찰력이 지금까지 매일 어떤 일을 하고 살 것인가 하는 문제에 절대적인 영향을 주고 있다. 할아버지와의 이 경험을 돌이켜볼 때마다, 나는 인간이 가질 수 있는 궁극의 장점은 다른 사람들의 재능을 발견하고 발전시켜 주는 일이라는 걸 절감하게 된다.

다른 사람의 발전을 도와줄 수 있는 가장 좋은 방법은 올바른 칭찬과 인정을 해주는 것이다. 단순히 누군가에게 어떤 일을 잘했다고 말해주는 것도 좋은 일이지만, 특히 그 말에 진심이 담겨 있지 않다면 그리 큰 도움이 못 된다. 실제, 진심이 담기지 않은 긍정적인 말은 오히려 부정적인 말보다 더 해롭다.

사람들에게 긍정적인 기운을 불어넣어 줄 말은 진심이 담겨 있어야 할 뿐 아니라 최대한 구체적이기도 해야 한다. 2014년에 여섯 차례에 걸쳐 실시된 일련의 실험들을 보면, 다른 사람들에게 왜 꼭 구체적인 말로 동기 부여를 해야 하는지를 알 수 있다. 연구진은 한 실험에 참여한 사람들에게 "골수 이식이 필요한 사람들에게 더 큰 희망을 주세요"라는 메시지를 전했다. 그러나 그렇게 막연한 메시지보다는 "골수 이식이 필요한 사람들에게 기증자를 찾을 수 있는 기회를 주세요"라는 메시지가 사람들에게 더 큰 동기 부여가 됐다. 또한 실험 참여자들에게 막연히 "환경을 지켜주세요"라는 것보다는 "재활용을 더 많이 해주세요" 하는 것이 더 효과가 있었다.

비록 짧은 대화에서라도 말을 구체적으로 할수록 그 영향력 또한 더 커진다. 다른 사람들로 하여금 자신이 무얼 가장 잘하는지를 알게 해준다면, 당신은 그들로 하여금 시간이 지날수록 더 큰 힘을 발휘하는 '누적 이익'을 쌓을 수 있게 해주는 것이다. 또한 지금 당장은 알 수 없겠지만, 먼 훗날 그들의 건강과 행복에도 일조하게 된다.

Chapter 09

모든 대인관계를 소중히 여겨라

요점: 우리의 하루하루를 결정짓는 것은 주변 사람들과의 소소한 대인관계이다.

■ 오늘 대인관계에 긍정적인 에너지를 불어넣기 위해 어떤
　일을 했는가?

■ 다음 몇 시간 동안 다른 누군가의 하루에 긍정적인 에너지를 불어넣기 위해 어떤 일을 할 계획을 세울 수 있겠는가?

■ 당신의 어떤 친구나 동료가 주변 사람들에게 긍정적인 에너지를 불어넣는 일을 가장 잘 하는가? 그리고 그런 긍정적인 에너지를 더 많이 발산하기 위해 그들에게서 무엇을 배울 수 있겠는가?

Chapter 10

적어도 80퍼센트는 긍정적이 되라

요점: 당신의 시간과 관심을 대부분 현재 하고 있는 일에 쏟아라.

■ 어제 가졌던 대인관계의 몇 퍼센트가 긍정적이었는가? 그
  리고 몇 퍼센트가 부정적이었는가?

■ 다른 사람들이 당신이 그들의 일과 노력에 관심을 보이고 있다는 걸 알게 하려면 어떻게 해야 하겠는가?

■ 작년에 당신이 받았던 가장 의미 있는 칭찬이나 인정은 무엇인가? 그리고 어떤 일로 그런 칭찬이나 인정을 받았는가?

Chapter 11

작은 일들부터 시작하되 분명히 하라

요점: 실현 가능한 목표와 적절한 질문들은 속도와 생산성을 높여준다.

■ 가장 친한 한 친구를 더 행복하게 만들어주기 위해 오늘 당신이 할 수 있는 작은 행동은 무엇인가?

■ 새로 알게 된 사람들의 직장과 삶에서 일어나고 있는 일들에 대해 더 많은 걸 알기 위해 당신이 그들에게 던질 수 있는 적절한 질문은 무엇이겠는가?

■ 어떻게 하면 가장 생산적인 당신의 인간관계들 중 하나에 더 많은 시간과 에너지를 투자할 수 있겠는가?

Chapter 12

인간관계를 위해 휴식을 취하라

요점: 우리가 너무도 당연시하는 인간관계가 우리 삶을 크게 좌우하는 때가 많다.

■ 어떻게 하면 당신이 하는 일에 더욱 직접적인 인간관계를 위한 시간을 끼워 넣을 수 있겠는가?

■ 당신은 어떤 친구나 가족과 함께 시간을 보낼 때 더 건강하고 행복해지는가?

■ 다른 사람들과 함께하면서 그들에게 더 많은 관심을 보일 수 있는 방법은 무엇일까? 어떻게 하면 그들로 하여금 당신이 자신에게 진정한 관심을 쏟고 있다는 걸 알게 할 수 있을까?

Chapter 13
경험을 우선시하라

요점: 사람과 경험에 대한 투자야말로 가장 수익이 큰 투자이다.

■ 당신은 당신 자신과 다른 사람들을 행복하게 만들기 위해 어떤 경험이나 여행을 계획할 수 있겠는가?

■ 그리고 어떻게 하면 다른 사람의 장기적인 성장을 위해 더 많은 시간과 돈을 투자할 수 있겠는가?

■ 다른 사람들로 하여금 당신이 곧 실행할 계획인 어떤 경험이나 여행에 대해 기대하게 만들려면 어떻게 하면 되겠는가? 또 설사 지금 당장 어떤 경험이나 여행을 계획하고 있지 않더라도, 다른 누군가로 하여금 어떤 경험이나 여행을 추억하면서 뭔가를 얻게 해주기 위해 어떤 일을 할 수 있겠는가?

Chapter 14

홀로 날지 않도록 하라

요점: 우리는 서로 협조하고 인센티브를 공유할 때 더 잘해낼 수 있다.

- 당신이 그간 살아오면서 쌓아온 많은 기억들 가운데 가장 멋진 기억 두 가지는 무엇인가? 그 기억에는 다른 사람들도 포함되어 있는가?

■ 당신은 다른 사람들이나 그룹을 위해 뭔가 새로운 가치를 만들어내기 위해 보내는 시간에 비해 얼마나 많은 시간을 경쟁자를 물리치는 데 쏟고 있는가?

■ 당신 조직의 보상과 인정과 인센티브는 개인별 목표 중심인가 아니면 그룹별 목표 중심인가? 만일 그 목표가 다른 사람들을 위한 면이 더 강하다면, 어떤 인센티브들이 이상적이겠는가?

누적 이익을 쌓도록 하라

요점: 당신이 다른 사람의 장점에 큰 관심을 기울이면 기울일수록, 그 사람은 그만큼 더 빨리 성장한다.

■ 지난날을 돌이켜볼 때, 당신만의 독특한 재능이나 장점을 발견해 그걸 키우는 데 많은 노력을 해보라고 격려해준 최초의 사람은 누구였는가?

■ 당신 기억에 가장 최근 누군가 어떤 일을 눈에 띄게 잘하는 걸 보고 그걸 알려주며 격려해준 게 언제였는가?

■ 당신은 내일 어떤 사람을 특별하고도 진지하게 그리고 자세히 눈여겨볼 수 있겠는가?

3부

에너지

어제 많은 에너지를 쓴 사람은
11퍼센트밖에 안 된다.

무엇보다 먼저
당신의 건강을 챙겨라

— Chapter 16

남들을 보살피는 일을 하는 사람들이 정작 자신의 건강은 제대로 못 챙기는 경우가 많다. 나는 그간 건강과 행복 문제에 모든 걸 쏟아오면서 그런 경우를 워낙 자주 봐왔다. 《잘 먹고 더 움직이고 잘 자라》를 내고 나서(그 책의 내용은 다음 세 장에서 다룰 것이지만), 나는 건강 문제 및 전반적인 에너지 부족 문제로 고생하는 많은 사람들로부터 편지를 받았다.

놀랍게도, 간호사처럼 내가 가장 존경하는 직업을 가진 사람들이 자신의 건강에 소홀한 경우가 많다. 간호사들의 55퍼센트가 과체중이나 비만이라는 연구 결과도 있었다. 남들보다 더 건강하고 타의 모범이 되어야 할 사람들이 바로 의료계에 종사하는 사람들인데 말이다. 그런데 그간 내가 교육자로부터 업계 지도자에 이르는 다양한 직종의 사람들로부터 얘기를 들어본 바에 의하면, 남달리 큰 사명감을 가진 사람들일수록 평생 자기 자신보다는 주로 다른 사람들을 위해 사는 경우가 많다.

그것은 여러 측면에서 존경할 만한 일이고 또 이 책의 주제와도 부합되는 좋은 일이지만, 그 대가가 너무 비싸다는 게 문제이다. 당신이 설사 지구상에서 가장 이타적인 사람이 되어 오로지 다른 사람들만 돌보며 살기로 결심했다 하더라도, 그런 일을 효율적으로 하려면 매일매일 그에 필요한 에너지가 있어야 한다.

호스피스 간호사들과 얘기를 나눠보니, 늘 말기 환자들과 그 가족들을 최우선적으로 챙기면서도 정작 자신의 건강과 에너지에는 거의 신경을 쓰지 못했다. 그러나 내가 그렇게 힘든 상황에 놓인 사람들을 최대한 잘 도우려면 무엇이 필요하냐고 물어보자, 자신의 건강과 에너지만 잘 챙길 수 있다면 모든 일을 훨씬 더 잘해낼 수 있을 거라고 했다.

유럽 전역의 간호사 3만 명 이상을 상대로 실시된 한 연구에 따르면, 교대 근무 시간이 12시간 이상인 간호사들은 8시간인 간호사들에 비해 담당 환자에 대한 간호의 질이 32퍼센트 이상 떨어지는 것으로 나타났다. 그뿐 아니라 근무 시간이 긴 간호사들이 담당하는 환자들의 안전도 역시 41퍼센트 이상 떨어졌다. 결국 대개의 경우, 근무 시간이 길어지면 담당 환자에 대한 서비스의 질이 떨어지게 된다는 얘기이다.

나는 이런 현상을 전 세계의 많은 기업들에서 보아왔다. 특히 기업 내 리더들은 무언의 압력에 쫓겨 매일 가장 먼저 출근하고 가장 늦게 퇴근하면서 자신은 많은 잠을 잘 필요가 없다는 식으로 말하는 경우가 많다. 그러나 기업들이 정말로 원하는 리더는 녹초가 되도록 그렇게 일만 하는 슈퍼맨 같은 리더가 아니다. 처리해야 할 일상 업무들이 산더미인데, 계속 그렇게 일하다간 버틸 수가 없기 때문이다. 우리 연구팀이 이 주제에 대해 연구한 바에 따르면, 사람들은 에너지가 차고 넘치는 날에는 직장에서 평소보다 세 배나 더 자기 업무에 완전히 몰입할 수 있었다.

당신이 비단 오늘뿐 아니라 앞으로 몇 년이고 계속 삶에 뭔가 변화를 주고 싶다면, 다른 그 무엇보다 건강과 에너지를 중시해야 한다. 당신이 만일 온종일 죽어라 일만 하고 인스턴트 식품으로 끼니를 때우고 따로 시간을 내 운동도 하지 않는다면, 친구나 가족, 동료, 환자 또는 고객 등에게 제대로 도움을 줄 수가 없다. 그나마 다행인 것은, 에너지를 충전하기 위해 굳이 복잡하고 거창한 계획을 세울 필요는 없다는 것이다. 그저 다음 선택부터 잘하기 시작하면 된다.

보다 건강해지려면 단기 사고를 활용하라

이 책 서두에서 말했듯, 나는 지난 20년 이상 여러 종류의 암과 맞서 싸우면서 수명을 늘리기 위해 온갖 노력을 다 해왔다. 그러면서 얻은 귀중한 교훈 하나는 목숨이 경각에 달린 상황조차도 오늘 더 나은 결정을 내리게 해주는 동기가 되지 못한다는 것이다. 운동이 향후 여러 해 동안 암을 완화시키는 데 도움이 된다는 걸 잘 알면서도, 그것이 동기가 되어 매일매일 운동을 하진 않으니 말이다. 대부분의 사람들이 패스트푸드를 자주 먹으면 장기적으로 심장질환에 걸릴 위험이 커진다는 걸 잘 알면서도, 패스트푸드를 끊지 못하는 것도 비슷한 경우이다.

마찬가지로, 더 건강한 생활방식의 중요성을 아무리 잘 안다 해도, 그것이 매일의 행동 변화로 이어지지 않는다면 아무 소용이 없다. 내가 지난 10년간 건강을 증진하고 에너지를 키우기 위해 매일의 행동 변화에 많은 시간을 쏟아온 것도 바로 그 때문이다. 나는 광범위한 연구들을 검토하면서, 한편으로는 매일매일 내리는 더 나은 결정들과 단기적 성취 및 인센티브의 연관성을 분석한 연구들을 찾고 있다. 비록 내 자신이 그런 문제에 정통한 전문가도 아니고 의사도 아니지만, 암 환자이면서 직접 연구도 하는 내 자신의 경력을 충분히 활용해 건강 증진을 위한 결정들을 내리는 데 도움이 될 만한 아이디어들을 찾고 있는 것이다.

그렇게 매일 내리는 더 나은 결정들과 에너지 수준을 연결 짓자, 더욱 장기적인 건강의 중요성에 대해 배웠을 때보다 훨씬 더 많은 변화가 내 행동에 일어났다. 그러니까 뭔가 중요한 날을 앞두면, 나는 어떻게든 그전 날 오전에 종일 기분이 더 좋아지고 생각도 더 명료하게 해줄 활동을 하려 한다. 그리고 또 오후는 물론 저녁까지 에너지를 유지하게 해줄 만한 음식을 점심 메뉴로 선택한다. 그렇게 종일 잘 먹고 활발히 움직인다면, 밤에 잠을 더 푹 잘 것이고, 그러면 그 다음 날 한결 산뜻한 기분으로 하루를 시작할 수 있다.

좋든 나쁘든 이런 소소한 선택들은 정말 놀랄 만큼 빠른 속도로 차곡차곡 쌓여간다. 아침에 단 음식이나 굽거나 튀긴 음식을 잔뜩 먹는다면, 에너지 넘치는 하루를 보내기란 거의 불가능해진다. 계속 비행기나 회의장에 몇 시간 동안 앉아 있어야 하는 날들이 있는데, 내 경우 그런 날에는 운동 부족으로 인해 육체적으로 정신적으로 아주 무기력해진다. 또한 단 하룻밤만 제대로 잠을 못 자도, 괜히 짜증이 나며 업무도 제대로 못 보게 된다.

먹는 것과 움직이는 것과 잠자는 것, 이 세 가지 중 하나만 잘못되어도, 다른 모든 게 엉망이 되어 버린다. 예를 들어 밤에 잠을 제대로 못자면, 운동을 건너뛰게 되고 먹는 것도 제대로 못 먹게 되는 식이다. 좋은 소식은 이 세 가지 중 하나만 잘 해도 나머지 두 가지에 상승효과를 준다는 것. 그리고 내가 처음 예상했던 것과는 달리, 실험 결과들에 따르면 건강의 이 세 요소를 동시에 증진시키는 것도 가능하다고 한다.

평소 먹는 것과 움직이는 것, 잠자는 것이 당신의 하루하루에 어떤 영향을 주는지를 생각해보라. 이 세 가지를 잘하는 것이 삶을 더 에너지 넘치게 살아가는 비결이다. 직장에서 가정에서 그리고 친구들 사이에서 최선을 다 하고 싶다면, 무엇보다 먼저 하루하루 적절한 에너지로 스스로를 충전시키도록 하라.

하루하루를 잘 지내려면
잘 먹어라

— Chapter 17

당신이 먹는 음식이 하루 종일 당신의 에너지 수준에 직접적인 영향을 주지만, 어떤 음식을 먹고 어떤 음식을 피해야 할지 잘 모를 때가 많다. 내 자신도 마찬가지지만, 대부분의 사람들은 총 칼로리를 계산하는 방식으로 먹을 음식과 피할 음식을 선택한다. 그러나 유감스럽게도, 칼로리는 음식의 질을 결정하는 기준은 못된다.

하버드대학교는 기념비적인 한 연구를 통해 무려 10만 명 이상을 20년간 추적·관찰했고, 그 결과 당신이 먹는 음식의 양보다는 질이 더 중요하다는 사실을 밝혀냈다. 당신이 소비하는 음식의 종류가 당신이 섭취하는 총 칼로리보다 건강에 더 큰 영향을 준다는 사실이 밝혀진 것이다. 이를테면 300칼로리의 시금치를 먹는 것과 300칼로리의 설탕 쿠키를 먹는 건 전혀 다르다는 것이다. 그러나 내가 얘기를 나눠본 사람들은 거의 다 '모든 걸 적당히'라는 케케묵은 믿음을 갖고 있었다. 하버드대학교의 연구를 이끈 다리우시 모자파리안Dariush Mozaffaran 교수는 '모든 걸 적당히'라는 믿음은 '먹고 싶은 걸 다 먹으려는 핑계'에 지나지 않는다고 말했다.

무엇보다 먼저 적절한 음식을 먹는 걸로 시작한다면, 잘 먹는 일은 훨씬 더 쉬워진다. 또한 체중 감량을 위한 이런저런 종류의 다이어트가 아니라 건강한 식습관을 위한 행동들을 생활화해야 한다.

기본적인 일들부터 시작하라. 튀긴 음식은 피하라. 정제된 탄수화물 섭취를 줄여라. 당분 섭취도 최대한 줄여라. 채소 위주의 식사를 하라. 사탕 대신 싱싱한 과일을 먹어라. 그리고 탄산음료나 기타 달콤한 음료수들 대신 물과 차와 커피를 더 많이 마셔라.

좋은 식단과 나쁜 식단에 대해서는 그야말로 온갖 상반된 조언들이 쏟아져 나오고 있다. 그러나 그 누구도 도넛을 더 많이 먹고 사과를 덜 먹어야 한다고 말하진 않는다. 적절한 음식을 섭취하는 일은 그렇게 복잡한 일이 아닌 것이다.

평소 적절한 음식을 섭취하는 일은 오래 지속할 수 있을 뿐 아니라 즐겁기도 하다. 무엇보다 먼저 에너지원이 될 수 있는 음식을 더 많이 먹어야 한다. 요즘 유행하는 다이어트를 따라하거나 극단적인 식이 요법을 쓰는 것보다는 훨씬 쉬울 것이다.

건강과 에너지에 도움이 될 음식을 먹는 것과 30일간 체중을 5킬로그램 줄이기 위해 다이어트를 하는 것은 전혀 다른 일이다. 인간의 몸이 식습관 변화에 반응하는 데는 시간이 꽤 걸리며, 대개의 경우 1년 이상 걸린다. 몸속에 에너지를 충전한다는 생각으로 매일매일 더 나은 식사를 하도록 하라. 체중 변화는 대개 좀 더 많은 시간이 필요하니, 금방 체중 변화가 없다고 초조해 하지 말라.

먹는 음식 하나하나에 신경을 써라

뭔가 음식을 먹을 때마다 당신은 별것 아닌 것 같으면서도 아주 중요한 결정을 하는 것이다. 어떤 음료를 마실 때도 매번 중요한 결정을 하는 것이다. 그리고 당신이 예를 들어 햄버거보다는 샐러드를 고르는 등, 건강에 해로운 음식보다

이로운 음식을 선택할 때마다 당신 몸에는 긍정적인 기운이 쌓이게 된다.

대부분의 음식에는 좋은 성분과 나쁜 성분이 다 들어 있다. 그러니까 영양가 높은 성분이 들어 있는가 하면 과도한 당분이 들어 있기도 한 것이다. 당신은 아마 하루에도 여러 차례 별로 이상적이지 않은 음식들을 먹을 것이다. 그러나 최소한 마음속으로 계산해보도록 하라. 특정 음식에 함유된 성분들을 토대로 이제 막 먹으려 하는 그 음식이 건강에 플러스가 되는지 마이너스가 되는지 자문해보는 것이다. 스스로 그런 질문을 계속 하다보면, 순간순간 어떤 음식을 먹어야 할지 결정하기가 더 쉬워진다.

대부분의 사람들은 평소 단백질에 비해 정제된 탄수화물이나 가공된 탄수화물을 더 많이 섭취한다. 그런데 이 문제와 관련된 대규모 연구들에 따르면, 탄수화물 섭취를 줄이고 단백질 섭취를 좀 더 늘리면 건강이 더 좋아진다고 한다. 어떤 음식 속에 들어 있는 총 칼로리를 정확히 분석하고 싶다면, 탄수화물과 단백질의 비율을 따져보면 된다.

나는 여러 해 전부터 탄수화물과 단백질의 비율을 따져보고 있는데, 식료품점에 있는 포장 제품들이나 기타 음식에 적혀 있는 기본적인 영양 성분표를 살펴보면 된다. 내가 간

식으로 가방 속에 넣어 다니는 혼합 견과류와 점심 때 즐겨 먹는 팔락 파니르(시금치와 치즈를 섞어 만드는 북미 인디언 음식)의 경우, 탄수화물 대 단백질 비율이 거의 1대 1이다. 적어도 나는 탄수화물 대 단백질 비율이 5대 1이 넘는 음식은 피하려 한다. 참고로, 대부분의 스낵 칩이나 시리얼은 탄수화물 대 단백질 비율이 10대 1이다.

2014년에 미주리대학교가 실시한 한 연구에 따르면, 아침에 단백질을 섭취하면 도파민 수치가 높아진다고 한다. 도파민은 충동을 완화시켜주는 뇌 속 신경 전달 물질로, 단 음식과 맛있는 음식에 대한 욕구를 줄여준다. 그러나 평소 아침 식사를 거를 경우, 당신의 몸에는 추가 지방이 비축되게 되고, 그 결과 시간이 지나면 허리둘레가 늘어나게 된다. 따라서 날씬한 몸매를 유지하고 싶다면, 반드시 매일 아침 적절한 식사를 해야 한다.

당분이 많이 함유된 시리얼과 아침 식사 대용 시리얼 바는 금방 에너지를 충전시켜줄 수는 있지만, 그 효과가 오래가지는 않는다. 그러나 아침에 혈당 지수(GI 지수)가 낮은 음식을 먹을 경우, 식사 후 혈당이 갑자기 뛰는 걸 막아주며, 그래서 오후와 저녁에 더 나은 선택들을 할 수 있게 된다. 그러니 아침 식사는 전통적인 시리얼 대신 달걀 흰자위나 각종 베리,

지방이 없는 살코기, 연어, 견과류, 씨앗류, 채소로 만든 셰이크 같은 음식을 먹거나 당분 함유량이 많지 않은 다른 음식을 먹도록 하라.

오랜 기간 음식을 섭취할 때 탄수화물과 단백질 비율을 균형 있게 잘 유지하면, 에너지가 충만해지고 건강도 더 좋아지게 된다. 탄수화물과 단백질 비율 외에 또 한 가지 유심히 살펴봐야 할 것은 모든 포장 제품에 표시된 당분 함량이다. 당분 함유량은 0에 가까울수록 더 좋다. 당분은 당뇨병과 비만, 심장 질환, 암을 유발하는 독극물일 뿐, 음식에 들어갈 필요가 전혀 없는 백해무익한 성분이다. 감미료 같은 설탕 대체재들 역시 가까이하지 않는 게 좋다. 자꾸 더 단 음식을 먹고 싶어지게 만들기 때문이다.

보다 나은 디폴트 값을 정하라

식습관은 대개 가장 쉬운 길로 가려는 경향이 있다. 이런 경향은 문제로 보이지만, 좋은 점도 있다. 식료품점에 쇼핑하러 갈 때 미리 건강에 좋은 음식들을 메모해둔다면, 충동적으로 이것저것 막 구매할 가능성이 줄어들게 될 것이다. 또

식품을 사러 갈 때는 배고플 때보다는 배가 부를 때 가는 게 더 좋다는 말을 들어보았을 것이다.

내 경우 동네 식료품점에 가면, 대부분 시간을 신선한 농산물 및 해산물 코너에서 보낸다. 나는 또 건강에 해로운 가공식품이 즐비한 중앙 통로 구역만 피한다면, 내 쇼핑 카트에 그 가공식품들이 들어갈 일은 없으리라는 걸 잘 안다. 현재까지의 경험으로 보면, 일단 내 쇼핑 카트에 들어간 음식들은 집에까지 가게 되어 있고, 집에까지 간 음식들은 결국 내 입으로 들어가게 되어 있다.

어떤 음식이든 눈에 잘 띄는 곳에 있을수록 그걸 먹게 될 가능성 또한 높아진다. 주방이나 식료품 저장실에 있는 음식들을 잘 정리해, 가장 건강에 좋은 음식들이 가장 눈에 잘 띄고 꺼내기 쉬운 곳에 있게 하라. 건강에 안 좋은 음식들을 꺼내기 불편한 곳에 두는 것도 도움이 된다. 가장 좋은 방법은 식료품 저장실과 캐비닛을 완전히 정리해, 영양가도 없으면서 먹고 싶은 충동을 불러일으킬 만한 음식을 모조리 치워버리는 것이다

냉장고의 경우 과일과 채소와 기타 건강에 좋은 음식들은 눈높이에 두도록 하라. 아니면 식탁 위에 내놓아도 좋다. 배가 고프지 않을 때도 그런 음식들이 눈에 띄면, 다음 간식은

그걸로 먹자는 생각의 씨앗이 마음속에 뿌려지게 될 것이다. 그리고 집을 나설 때는 조그만 봉지 안에 견과류와 과일 또는 채소 같은 걸 넣어 가져나가는 걸 생각해보라. 그러면 오후 중반에 출출할 때 달리 먹을 게 없어도 문제없을 것이다. 또한, 마음속으로 미리 건강에 좋은 음식 목록을 짜두면, 건강에 해로운 음식에 대한 유혹을 떨치기가 좀 더 쉽다.

| 에너지를 충전시켜줄 음식을 찾아라

38세 되던 어느 날 욕실 체중계 위에 올라선 제레미 라이트 Jeremy Wright는 자기 눈을 믿을 수 없었다. 체중계 눈금이 무려 102킬로그램을 가리키고 있었던 것이다. 그래서 그는 담당 주치의를 찾아갔고, 거기서 훨씬 더 충격적인 소식을 접하게 된다. 아침 식사 전의 공복 혈당은 110 이하가 정상인데 134가 나왔고, 그래서 당뇨병 전 단계로 판정 받은 것이다.

그렇게 무심코 체중계에 올라섰던 그날 이후, 제레미 라이트는 자신의 생활방식에 조그만 변화들을 주기 시작했다. 그래서 지금 그는 어떤 결정을 내릴 때면 먼저 그 결정이 자신의 건강에 이익이 되는지 아니면 해가 되는지를 자기 자신에게 물어본다. 또한 조금 일찍 퇴근하는 경우가 있더라도, 어떻게든 일주일에 5일은 헬스클럽에 간다. 그리고 재택 근무를 할 때면 서서 일을 한다. 그는 또 탄수화물과 당분 섭취를 줄였다. 혹시 간식을 먹게 되면, 주로 혈당을 올리지 않는 견과류를 먹고 물을 마신다.

제레미 라이트에 따르면, 자신의 생활방식에 그런 변화를 하자마자 곧 기분이 좋아지기 시작했다고 한다. 102킬로그램이 넘었던 그의 체중은 현재 86킬로그램으로 줄었다. 허리 둘레 역시 40인치에서 34인치로 줄었다. 그래서 이제는 셔츠도 XL 사이즈에서 L 사이즈로 입는다. 그리고 그의 혈당은 이제 정상이다. 가장 중요한 것은, 그는 지금 에너지가 더 차고 넘친다는 것이다. 일하는 시간이 더 짧더라도, 집중력이 좋아져 업무 능률도 더 오른다.

당신이 매일 먹는 음식은 당신의 에너지 수준에만 영향을 주는 게 아니라 당신의 기분에도 영향을 준다. 사람들이 먹는 음식과 정신 건강 간의 관계를 연구해보면, 어떤 음식은 사람들에게 긍정적인 기운을 주고 또 어떤 음식들은 그 반대라는 게 분명히 드러난다. 예를 들어 기름진 음식을 너무 많이 먹으면 무기력해지고 우울해질 수 있다. 2014년에 행해진 한 연구에 따르면, 가공 처리가 심하게 된 음식에 당분까지 많이 들어 있을 때도 사람이 나른해지면서 행동이 굼떠질 수 있다고 한다.

이 문제와 관련된 한 실험에서는 트랜스 지방산을 많이 섭취한 사람일수록 더 참을성이 없고 공격적이 된다는 결과가 나왔다. 이런 연구 결과들이 워낙 분명해서, 어떤 연구원은 학교나 교도소 같은 곳에서 건강에 해로운 음식을 제공하면 다른 사람들까지 위험에 빠뜨릴 수 있어, 식단을 전면 재검토해야 한다고 주장하기도 했다. 빵처럼 구운 이른바 '위안 음식'조차도 위안을 주기는커녕 오히려 사람들을 더 우울하게 만들기도 한다.

반면에 건강에 이로운 음식을 먹게 되면, 매일매일의 건강과 행복도 커지게 된다. 사람은 과일과 채소를 더 많이 먹은 날, 더욱더 차분하고 행복해지며 에너지도 더 차고 넘치게 된다는 연구 결과들도 있다. 당신이 무얼 먹느냐에 따라, 당신의 하루하루가 달라지고 대인관계까지 달라진다.

뛰기 전에 먼저 걷는 걸 배워라

— Chapter 18

몸속에 에너지가 충만하면, 종일 활발하게 움직이게 된다. 그리고 설사 온종일 앉아 지낸다 해도, 하루에 30분에서 60분만 운동을 하면 그 에너지가 어느 정도 유지된다. 물론 계속 움직이고 활동을 더 많이 한다면, 그야말로 에너지가 더 차고 넘칠 것이다.

요즘 사람들은 하루 중에 잠자는 시간보다 앉아 있는 시간(9.3시간)이 더 길다. 그러나 인간의 몸은 원래 그렇게 정적인 생활을 하게 만들어지지 않았기 때문에 그런 생활을 하면 많은 문제가 발생한다. 하루 중 많은 시간을 앉아서 보낼 경우, 매일 식단과 운동에 신경을 써도 문제가 발생하는 것이다. 2014년에 나온 한 연구에 따르면, 두 시간 계속 자리에 앉아 있으면 20분간 운동한 효과가 사라진다고 한다.

미국 국립보건원 연구진이 10년간 20만 명 이상을 추적·관찰한 바에 따르면, 일주일에 7시간 적당한 운동이나 강도 높은 운동을 한다 해도 자리에 오래 앉아 있을 때 생기는 여러 가지 문제를 막기 어렵다고 한다. 하루 대부분을 앉아서 보내는 사람들의 경우, 일주일에 7시간 이상 운동을 하는 아주 활동적인 사람들조차 사망 위험이 50퍼센트 높아지고 심장 질환으로 사망할 가능성이 두 배로 늘어난다는 것이다.

오래 앉아 있어
에너지가 빠져 나가게 하지 말라

우리 세대의 건강을 위협하는 것들 가운데 가장 과소평가되고 있는 것이 아마 자리에 오래 앉아 있는 일일 것이다. 자리에 오래 앉아 있는 것은 장기간에 걸쳐 조금씩 사람들의 건강을 잠식한다. 지금 전 세계적으로 담배보다 더 많은 사람의 건강과 목숨을 위협하는 것이 바로 활동 부족이다.

메이오 클리닉에서 실시한 최근 연구에 따르면, 평균적인 미국인은 하루에 15시간 이상 잠을 자거나 자리에 앉아 있다고 한다. 그리고 비만한 사람들은 하루에 단 1분도 격렬한 운동을 하지 않는다.

당신이 매일 자리에 앉아서 보내는 시간이 얼마나 되나 생각해 보라. 아마 아침에는 TV 뉴스를 보거나 아침 식사를 하면서 잠시 자리에 앉아 있을 것이다. 그런 다음 다시 출근하기 위해 한동안 차 안이나 전철, 또는 버스 안에 앉아 있게 될 것이다. 그렇게 직장에 도착하면, 다시 또 사무실 의자에 앉아 8시간에서 10시간을 보내게 된다. 퇴근한 뒤에는 다시 자리에 앉아 저녁 식사를 하고, 그다음 잠자리에 들기 전에 다시 한두 시간 TV를 보며 앉아 있게 된다.

이런 것이 보통 사람들의 일과인데, 나는 당신이 좀 더 활동적인 생활을 하길 바란다. 평소의 일과를 돌이켜보면, 아마 당신 역시 십중팔구 오랜 시간을 자리에 앉아 보낼 것이다. 문제는 사람들이 이처럼 자리에 오래 '앉아 있는 병'이 죽음에 이를 수도 있는 무서운 병이라는 사실을 잘 알지 못한다는 것.

자리에 앉아 있으면, 다리 근육들의 전기적 활동이 그대로 중단된다. 칼로리 소모량도 분당 1킬로칼로리로 뚝 떨어

진다. 지방을 분해하는 효소들의 활동도 90퍼센트나 줄어
든다. 그렇게 계속 두 시간을 앉아 있으면, '좋은 콜레스테롤
(HDL 콜레스테롤)' 수치도 20퍼센트나 떨어진다.

그러나 현대 사회에서는 대부분의 사람이 좋든 싫든 하루
에 여러 시간을 앉아서 보내야 하고, 그래서 어떻게든 최대한
많이 움직이도록 해야 한다. 매시간 두어 차례 스트레칭을
한다거나 자리에서 일어난다든가 하는 동작만 해도 도움이
된다.

걷기를 하면 에너지 수준이 150퍼센트 정도 올라간다. 계
단을 오르는 것은 걷는 것보다 칼로리 연소가 두 배나 더
높다. 조금이라도 더 많이 걷고 싶지만 그럴 시간이 없다고
말하지 말고, 걷는 것을 조금이라도 활동을 늘릴 좋은 기회
로 보도록 하라.

주변 환경을 둘러보면서 어떻게 하면 앉아서 보내는 시간
을 조금이라도 줄일 수 있나 잘 생각해보도록 하라. 현대인
의 생활은 편의성 위주로 되어 있어, 모든 게 팔만 뻗으면 처
리할 수 있다. 그래서 굳이 자리에서 일어나 돌아다니거나
다른 사람들과 교류하지 않고도 오래 앉아 일할 수가 있다.
집과 사무실 환경을 편의성보다는 활동성 위주로 재정비해
그런 폐단을 없애도록 하라.

자리에서 일어나 조금만 움직여도 육체 에너지가 충만해지고 정신 건강에도 큰 도움이 된다. 연구 결과에 따르면, 정신적인 업무를 하면서 규칙적인 휴식을 취하면 창의성과 생산성이 모두 높아진다. 많이 움직일수록 생각 또한 더 명료해진다. 지난 몇 년간 쏟아져나온 연구들에 따르면, 잠시만 활동을 해도 학습 능력 및 집중도가 올라가고 뇌 기능도 더 좋아진다고 한다.

더 많이 움직일 방법을 찾아라

활동량을 늘리기 위한 최선의 방법들 중 하나는 자신이 매일 얼마나 많이 움직이는지 직접 재보는 것이다. 요즘은 건강을 체크할 수 있는 팔찌 스타일의 이른바 '웨어러블 기기'가 차고 넘치는 시대이지만, 가격이 저렴한 만보계만 있어도 얼마든지 자신의 활동량을 재볼 수 있다. 사람들에게 만보계를 갖고 다니게 했더니, 하루에 1.6킬로미터 정도를 더 걸었다는 실험 결과도 있었다. 게다가 만보계를 갖고 다닌 사람들은 매일매일 활동량을 재면서 전반적인 활동량이 27퍼센트나 늘어났다.

나는 2009년에 팔찌 같이 생긴 핏비트Fitbit이라는 조그만 장비로 처음 일일 활동량을 재기 시작했는데, 그 당시 나는 하루 종일 5,000보 정도를 걸었다. 그때만 해도 내 스스로 활동량이 아주 많다고 생각할 때였고, 내 생활방식이 후에 온종일 앉아서 지내는 쪽으로 바뀌리라곤 전혀 생각 못했다. 활동량을 재기 시작한 지 1년 후, 나는 하루에 평균 8,000보를 걸었다. 그리고 현재 나는 잠자리에 들기 전까지 적어도 1만 보 이상을 걷는 걸 원칙으로 삼고 있다. 자동차 여행이나 비행기 여행을 하는 날에도 그 정도는 걸으려 애쓴다.

나는 집에 있는 낡은 러닝머신을 업무용 책상처럼 개조해 일을 하면서도 걷기를 하는데, 특히 열심히 걷는 날은 하루에 3만 보 정도를 걷는다. 그 정도면 상당히 많은 활동량인데, 그런 날은 피곤할 것 같지만, 걷기 덕에 몸속 에너지 수치가 높아져 오히려 업무 능률이 더 올라간다. 매일 밤 내가 잠자리에 들기 전 마지막으로 확인하는 것은 그날 걸은 총 걸음수와 거리이다. 그 수치만 보면, 내가 그날 하루를 얼마나 잘 보냈는지 아니면 얼마나 많은 스트레스 속에 무기력하게 보냈는지 대번에 알 수 있다.

그간 내가 연구해온 바에 의하면, 전반적인 활동 목표는 하루에 만 보 정도가 적절하다. 만 보면, 거리로 따지자면 약

8킬로미터 정도 된다. 얼핏 보면 엄청난 목표 같지만, 일단 시작해 매일매일 활동량을 조금씩 늘리다 보면 충분히 달성 가능한 목표이다. 반면에 하루에 5,500보 이하를 걷는 사람은 주로 앉아서 시간을 보내는 사람으로 간주한다. 그러나 그런 사람들도 일단 걷기를 시작해 하루 만 보 수준에 도달한다면, 단기적으로는 물론 장기적으로도 건강에 큰 도움이 될 것이다.

20분 만에 12시간분의 충전을 하라

당신은 아마 활동이 당신의 행복에 얼마나 큰 도움이 되는지를 잘 알 것이다. 이 문제와 관련된 한 실험 결과에 따르면, 일단 에너지가 충만해져 기분이 좋아지면 그 효과가 생각보다 훨씬 더 오래 지속한다고 한다. 연구진이 한 그룹의 실험 참여자들에게 20분간 적절한 운동이나 강도 높은 운동을 하라고 했더니, 운동 직후 그들의 기분은 운동하지 않은 참여자들에 비해 아주 더 좋아졌다. 그런데 연구진을 놀라게 한 것은 그렇게 운동을 통해 좋아진 기분이 생각보다 아주 오래 지속했다는 것이다. 20분간 운동을 한 사람들은 그날 종일 계속 기분이 더 좋았다. 두 시간, 네 시간, 여덟 시간, 그리고 열두 시간 뒤까지도 계속, 운동을 한 사람들이 그렇지 않은 사람들보다 기분이 더 좋았다.

저녁에 운동하는 것은 전혀 운동하지 않는 것보다는 낫지만, 늦게 운동을 하게 되면 운동을 하고 난 뒤 기분이 좋아지는 걸 경험할 수 없게 된다. 그러나 아침에 운동한다면, 기분이 좋아진 상태가 12시간 동안 사라지지 않고 지속하는 걸 경험할 수 있다. 또한, 아침 일찍 운동할 경우, 종일 칼로리 연소도 더 잘될 수 있다.

아침에 운동을 하면 하루 종일 써야 할 에너지가 고갈될지도 모른다고 생각하기 쉽지만, 절대 그렇지 않다. 물론 처음 며칠간은 그럴 수도 있지만, 오래지 않아 더욱 에너지 넘치는 하루를 보내게 된다. 아주 간단한 운동조차도 창의성과 생산성에 큰 도움이 된다.

게다가 사람이 활발히 움직이면 생각도 더 명료해진다.

"연구 결과에 따르면, 운동하게 되면 뇌를 비롯한 인체 내 모든 부위의 혈압이 더 세지면서 혈류가 더 좋아집니다. 그리고 혈류가 좋아지면 에너지 및 산소 공급이 더 활발해지고, 그래서 뇌 기능도 더 좋아지게 되는 것입니다."

일리노이대학교의 저스틴 로즈Justin Rhodes 교수의 설명이다. 게다가 뇌와 몸속 혈류를 개선하는 데 대단한 노력이 필요한 것도 아니다.

활동량을 늘리기 위한 간단한 변화들부터 시작해보도록 하라. 예를 들어 회의 중에 잠시 자리에서 일어나거나 이리저리 걸으면서 집중력을 높이고 에너지를 충전할 수도 있을 것이다. 헤드셋 형태의 전화기를 이용해 왔다 갔다 하면서 통화를 할 수도 있다. 서서 또는 걸으면서 컴퓨터를 사용할 수 있는 방법을 찾을 수 있다면, 더 바랄 게 없을 것이다. 어쨌든 가장 중요한 것은, 오늘 당장 일상생활에 뭔가 작은 활동들을 끼워 넣기 시작해야 한다는 것이다.

더 많은 걸 이루려면
더 많은 잠을 자라

— Chapter 19

모두 잠을 줄여가며 열심히 일하는 미국 중서부 도시에서
자랐음에도 불구하고, 일찍이 나는 잠이 부족하면 건강에
문제가 생길 수 있다는 걸 깨우쳤다. 내가 존경하는 어른들
은 늘 잠을 별로 안 잔다는 걸 자랑처럼 떠들어댔다. 그래서
어린 시절에 나는 잠이 일과 중 가장 먼저 줄여야 할 시간이
라고 생각했었다. 물론 지금은 그것이 선량한 직업의식에서
비롯된 것이라는 걸 잘 안다.

그러나 지난 10년간 나는 잠을 한 시간 덜 잔다고 해서 그
시간만큼의 성취와 즐거움을 더 누리게 되는 게 아니라는 사
실을 깨달았다. 실은 그 정반대이다. 잠을 한 시간 덜 자면,

그만큼 당신의 행복과 생산성, 건강, 그리고 사고 능력까지 줄어드는 것이다. 그러나 사람들이 어디선가 시간을 줄여야 한다면 가장 먼저 떠올리는 것이 늘 잠이다. 나 역시 그랬다. 그러나 많은 연구 결과들이 사람들이 잠을 줄이면서 내세우는 이유가 틀렸다는 걸 지적하고 있었고, 그래서 나는 이제 더는 잠을 희생양으로 삼는 어리석은 짓은 하지 않는다.

각 분야의 엘리트들을 상대로 한 심리학자 K. 엔더스 에릭슨 K. Anders Ericsson의 기념비적인 연구들을 살펴보면서, 나는 많은 사람이 성취도에 지대한 영향을 주는 한 가지 요소를 간과하고 있다는 사실을 알게 됐다. 그러니까 각 분야의 엘리트들이 일반인들과 다른 요소 중 하나가 잠이라는 사실이 간과되고 있었다. K. 엔더스 에릭슨의 연구에서, 각 분야의 엘리트들은 하루 평균 8시간 36분을 자지만, 일반적인 미국인들은 6시간 51분밖에 못 자는 것으로 나타난 것이다.

음악가, 운동선수, 배우, 체스 선수 등, 각 분야의 엘리트들을 상대로 시행된 K. 앤더스 에릭슨의 연구들에 따르면, 더 자주 쉴수록 성취도도 올라갔다. 예전에 직접 얘기를 나눠본 가장 효율성 높은 직장인들의 경우와 마찬가지로, 각 분야의 엘리트들 역시 쉴 때는 푹 쉬고 대신 자기 일을 할 때는 전력투구했다. K. 앤더스 에릭슨은 그들이 기력이 쇠해지는 걸 막고 또 완전히 충전된 상태를 유지하기 위해 가능하면 자주 휴식을 취한다는 사실을 알아냈다. 그래서 그들이 늘 자신의 기량을 개선하고 완벽하게 다듬을 수 있다.

사람이 어떤 일에 너무 오래 매달리다 보면 성취도는 떨어지게 마련이다. '수확 체감'의 법칙에 빠지지 않으려면, 뭔가를 할 때 전력투구를 하고 정기적으로 휴식을 취하며 잠을 충분히 자도록 해야 한다. 혹 나중에 몇 시간 분의 에너지가 더 필요하다면, 잠을 한 시간 더 자도록 해보라.

수면 부족 상태로 출근하지 마라

사람이 잠을 덜 자면 성취도도 떨어지게 된다. 하버드 의과대학에서 실시한 한 연구에 따르면, 미국인들의 수면 부족으로 미국 경제에서 연간 630억 달러 상당의 생산성 저하 효과가 발생하고 있다고 한다. 그 연구를 이끈 교수 중 한 교수는 이런 말을 했다.

"미국인들이 지금 불면증 때문에 일을 못 하진 않습니다. 여전히 때 되면 출근들을 하지만, 피곤하기 때문에 업무 성과가 잘 나오지 않는 겁니다. 정보 중심의 경제에서, 생산성에 큰 영향을 주는 요인을 찾기란 쉽지 않습니다."

충분한 잠을 자지 못한 상태에서 일할 때의 당신은 평상시의 당신과 다른 사람이라고 한다. 잠을 90분 덜 잘 경우 그 날 집중력이 거의 3분의 1이나 떨어진다는 연구 결과도 있다. 이것저것 할 일이 많은데 집중력이 그렇게 많이 떨어진다니, 정말 심각한 문제 아니겠는가.

이런 점을 염두에 두고, 다른 사람의 관점에서 생각해보라. 나는 내일 내가 탈 비행기를 조종할 사람이나 내 아이들을 가르칠 사람, 또는 내가 다니는 회사를 이끌 사람이 오늘 밤 잠을 푹 잘 잔 사람이길 바란다. 그러나 실상 이렇게 중요한 일을 잠이 턱없이 부족하다고 생각하는 사람들이 하는 경우가 많다. 직장인의 무려 3분의 1이 밤에 6시간도 못 잔다. 어떤 경우 그 결과는 단순한 생산성 저하 차원을 훨씬 뛰어넘는다.

졸음운전은 음주 운전만큼이나 위험할 수 있다. 이 문제를 집중적으로 연구한 한 과학자에 따르면, 잠을 4시간 덜 잔 경우 맥주 6개들이 한 세트를 다 마신 것만큼이나 엄청난 결과를 초래한다 한다. 또한, 밤새 한숨도 못 잔 경우 혈중알코올농도 0.19퍼센트 상태와 같다고 한다. 혈중알코올농도 0.19퍼센트는 법적 허용치의 두 배에 가까운 수치이다. 의

사와 조종사들의 경우 근무 시작 전에 의무적으로 휴식 시간을 갖도록 하는 것도 바로 이런 이유 때문이다. 자동차와 열차, 비행기가 포함된 대형 교통사고가 터질 때, 가장 흔한 사고 원인 중 하나가 바로 졸음운전이다.

감기 백신을 맞아라

숙면은 감기 예방 차원에서 생각해볼 때도 아주 중요한 요소이다. 한 연구에서 연구진은 실험 참여자들의 동의를 받은 다음 격리 상태에서 코를 통해 리노 바이러스(감기 바이러스)가 포함된 백신을 투입했다. 연구진은 리노 바이러스 백신 투입에 앞서 14일간 이 사람들이 밤에 잠을 얼마나 잘 자는지를 추적·관찰했었다. 그런 다음 연구진은 리노 바이러스 백신 투입 이후 5일간 그들이 감기에 걸리는지 어떤지를 관찰했다.

그 결과, 실험 참여자들 가운데 밤에 평균 7시간도 못 잔 사람들은 리노 바이러스 노출 후에 감기에 걸릴 가능성이 거의 3배나 높았다. 이 실험을 통해 밤에 침대에서 보낸 전체 시간은 가장 중요한 요소가 아니라는 사실도 밝혀졌다. 그런 경험이 있겠지만, 침대에 누워 있었던 시간은 8시간이지만 이리 뒹굴 저리 뒹굴 하느라 정작 제대로 잔 시간은 6시간밖에 안 되는 경우도 있다.

그래서 연구진은 '수면 능률', 즉 수면의 질에도 등급을 매겨 참여자별로 측정해 보았다. 그러니까 몇 시에 잠자리에 들어 몇 시에 일어났는지, 침대에 누워 어느 정도 지난 뒤 잠이 들었는지, 밤에 몇 번이나 잠을 깼는지, 그리고 밤새 깨어 있는 시간은 어느 정도였는지 등을 측정한 것이다. 참여자들이 감기에 걸릴지 어떨지를 예측하는 데 있어, 수면 능률은 아주 중요한 요소였다.

리노 바이러스 노출을 앞두고 14일간 수면 능률이 낮았던 사람들은 감기에 걸릴 가능성이 무려 5.5배나 높았다. 잠이 부족했을 때 감기에 걸릴 가능성이 3배 높았던 걸 고려하면, 꽤 큰 차이이다. 건강의 다른 측면들과 마찬가지로, 잠 역시 양보다는 질이 훨씬 더 중요한 것이다. 밤새 우리 몸 안에서 어떤 일이 일어나는지 볼 수는 없지만, 밤에 깊이 자는 것이 그 다음 날의 생리 건강에 직접 영향을 주는 건 확실하다.

빛과 열과 소음을 차단하라

매일 밤 7~8시간씩 숙면을 취한다는 건 말처럼 쉬운 일이 아니지만, 그럴 가능성을 높이기 위해 당신이 할 수 있는 일들은 있다. 그리고 잠자리에 들기 몇 시간 전에 하는 일들이 가장 중요하다.

미국인들의 90퍼센트 이상이 잠자리에 들기 전에 몇 시간씩 스마트폰 같은 전자통신 장비를 만진다. 잠자리에 들기 전에 그런 스트레스 요인을 가까이하면 잠자는 시간이 줄어들게 된다. 2014년에 행해진 한 연구에 따르면, 늦은 밤까지 스마트폰을 이용하면 그 다음 날 업무에 지장을 준다고 한다. 밤늦게까지 스마트폰을 이용할 경우, 단순히 잠만 제대로 못 자는 게 아니라, 그 다음 날 피곤해서 업무 집중력까지 떨어진다는 것이다.

또한, 전자 장비들에서 나오는 불빛은 생체 리듬에 관여하는 호르몬인 멜라토닌의 수치를 20퍼센트나 떨어뜨려, 수면의 질에 직접적인 위협이 될 수 있다. 그래서 잠자기 전에는 모든 전자 장비의 사용을 중단해야 한다. 잠자리에 들 때는 밝은 빛을 발산하는 전자 장비를 전부 끄도록 하라. 낮에 자연광을 쐬면 생산성 향상에도 도움이 되고 밤에 더 잘 잘 수 있지만, 밤에는 불빛을 약하게 해야 잠을 더 잘 수 있다.

침실 환경을 적절히 손보면, 밤에 좀 더 숙면을 취하는 데 도움이 된다. 먼저, 침실 온도가 종일 생활했던 사무실 등의 온도보다 몇 도 정도 낮으면 숙면에 도움이 된다. 온도가 낮아지면, 당신의 생체 시계 때문에 한밤중에 깨는 일은 없기 때문이다.

이상과 같은 원리는 소음에도 적용된다. 만일 밤에 이런저런 소리 때문에 잠을 제대로 못 잔다면, 백색 소음(넓은 주파수 범위 내에서 일정한 주파수를 유지하여 예상 가능하고 쉽게 익숙해지는 소음 – 역자 주)을 막아주는 애플리케이션이나 장비를 이용해 밤에 소리 때문에 깨는 일을 막아야 한다. 숙면을 취하고 싶다면, 숙면을 방해하는 이런저런 변수들을 최대한 없애는 것이 아주 중요하다.

다른 그 무엇보다 먼저 7~8시간의 숙면을 취할 수 있도록 하라. 무엇보다 먼저 잠을 잘 자야, 그 다음 날 운동도 더 잘할 수 있고, 일도 더 잘할 수 있고, 사랑하는 사람들에게도 더 잘할 수 있다. 그리고 효율적인 시간 활용이란 이름 아래 잠자는 시간을 희생시키려 해선 안 된다는 걸 잊지 말라. 한 시간이라도 더 자면, 그 다음 날 당신은 그만큼 더 에너지가 넘치게 될 것이다.

스트레스를 풀려면
잘 먹고 많이 움직이고 잘 자라

— Chapter 20

잘 먹고 많이 움직이고 잘 자는 것이 건강에 미치는 영향 중 가장 중요한 것은 스트레스를 완화해준다는 것이다. 과학자들은 스트레스 요인들은 계속 누적되면서 세포 노화를 촉진한다는 사실을 잘 알고 있다. 말단소체는 염색체의 말단 부위에 있는 일종의 '보호 모자'로, 세포의 노화 속도에 영향을 줄 뿐 아니라 세포를 스트레스 요인들로부터 보호해주는 역할도 한다. 이 말단소체가 짧아지고 그 구조가 약해지면, 세포들이 노화되어 죽게 된다.

말단소체는 세월이 지나면서 점점 그 길이가 짧아지지만, 스트레스를 받아도 짧아진다고 한다. 캘리포니아대학교 샌

프란시스코 캠퍼스의 한 연구팀은 스트레스 요인들이 있음에도 불구하고 말단소체가 짧아지는 속도가 크게 둔화할 수도 있다는 사실을 발견하고 깜짝 놀랐다. 1년간 지속한 그 연구의 하나로, 239명의 여성이 말단소체 검사를 위해 혈액 샘플을 제공했으며, 또 1년간 있었던 스트레스 쌓이는 일들을 자세히 적어냈다. 연구팀은 연구 기간에 계속 참여자들의 먹는 패턴과 움직이는 패턴, 잠자는 패턴도 추적·관찰했다.

그 결과, 연구팀은 1년간 더 많은 스트레스 요인들에 노출됐던 여성들의 경우 말단소체 길이가 눈에 띄게 짧아졌다는 사실을 알게 됐다. 스트레스 요인들이 단 1년 사이에도 큰 변화를 일으킬 수 있다는 걸 보여주는 최초의 연구였기 때문에, 사실 그것만으로도 대단한 발견이었다. 그러나 연구팀이 평소 잘 먹고 많이 움직이고 잘 자는 등 건강한 생활을 유지한 여성들을 살펴보니, 삶의 스트레스가 누적되면서 말단소체가 눈에 띄게 줄어드는 일은 일어나지 않았다. 당시 연구를 이끌었던 엘리 푸터만Eli Puterman 교수는 이렇게 간단히 설명했다.

"이 연구 결과를 통해, 우리는 스트레스가 심한 시기에 잘 먹고 많이 움직이고 잘 자면, 면역 세포들의 노화 속도를 둔화시키는 데 큰 도움이 된다는 걸 알 수 있습니다."

스트레스가 눈덩이처럼 불어나는 걸 막아라

습기를 머금은 축축하고 무거운 눈이 내려 집 앞 인도 위에 수북이 쌓이면, 눈 내리는 게 멈추기 전에 치우기 시작해야 한다. 너무 늦어 때를 놓치면, 눈이 워낙 높게 쌓이는 데다 무거워져 치우기 힘들어지기 때문이다. 게다가 때를 놓치면 바닥의 눈이 꽁꽁 얼어버리기 때문에, 삽으로 깨기도 거의 불가능해진다. 스트레스가 쌓여가는 과정도 이와 아주 흡사하다.

처음부터 아예 스트레스가 쌓이지 않게 해야 하는 것도 바로 이 때문이다. 잘 나가던 하루를 순식간에 망쳐버릴 수 있는 가장 대표적인 요소는 역시 스트레스이다. 약간의 스트레스는 문제가 아니라 오히려 도움이 되기도 하지만, 만성적인 스트레스는 시간이 지날수록 아주 심각한 문제들을 일으킨다. 과도한 스트레스는 노화를 촉진할 뿐 아니라, 심장 질환과 뇌졸중, 암 등을 유발하며, 때 이른 죽음으로 이어지기도 한다. 이렇듯 부정적인 결과들이 만들어지는 것은 스트레스 요인들로 인해 나날이 인체 내 코르티솔(스트레스에 대항하기 위해 분비되는 호르몬 - 역자 주) 수치가 올라가고 염증이 늘어나기 때문이다.

여러 해 동안 나는 스트레스는 가끔 하루를 망치는 것이지 그 이상은 아니라고 생각했다. 그리고 필요하면 나 스스로 스트레스를 떨쳐버리면 그만이라, 며칠 혹은 몇 주간 과도한 스트레스를 받는다 해도 별일 없다고 생각했다. 그러나 알고 보니 그게 아니었다. 매일, 매주 그리고 매달 받는 과도한 스트레스는 차곡차곡 쌓여간다. 그리고 스트레스가 계속 그렇게 쌓이다 보면, 에너지 수준이 떨어지고 건강과 인간관계까지 악화한다. 또한, 만성적인 스트레스 요인들이 계속 존재하는 상황에서는 에너지가 충만한 기분을 느낄 수도 없다.

당신의 삶에서 수시로 스트레스를 유발하는 일들을 생각해보라. 그런 다음 그런 상황들을 피할 방법을 모색해, 적어도 그런 상황들 때문에 매일 스트레스를 받는 일은 최소화하도록 하라. 당신의 건강과 행복에 부정적인 영향을 줄 심한 스트레스를 굳이 참고 견딜 이유는 전혀 없다.

다른 사람을 통한 간접 스트레스도 피하라

사람들이 스트레스를 받는 건 십중팔구 대인관계의 어려움 때문이다. 만일 당신 상사가 뭔가에 쫓기듯 당신에게 실현 불가능한 마감 시간을 강요한다면, 그의 스트레스가 그대로 당신 스트레스가 되어버릴 것이다. 배우자나 친한 친구가 심한 스트레스를 받을 경우, 그 스트레스가 당신과 상대의 인간관계와 무관한 것이라 하더라도, 그 스트레스가 그대로 당신에게 전염될 수 있다.

'스트레스'란 말을 떠올릴 때, 거의 무의식적으로 누가 떠오르는지 생각해보라. 당신이 인간관계를 맺고 있는 친구나 가족 또는 동료들 가운데 한두 사람은 아마 모든 면에서 다른 사람들보다 성격이 좀 급할 것이다. 지극히 자연스러운 일이다. 어떤 사람들은 성격이 좀 느긋하고 느릿느릿하며, 또 어떤 사람들은 성격이 좀 급해 한 번에 여러 가지 일을 해치우려 덤빈다. 그리고 또 어떤 사람들은 남들은 덤덤하게 받아들이는 일들에도 쉽게 흥분하거나 화를 낸다.

나는 늘 빠릿빠릿하게 움직이는 스타일에 속한다. 그래서 내 경우 정해진 시간 내에 집중적으로 많은 일을 해치우고 그때 쌓인 긴장을 나중에 친구나 가족들과 풀 수 있는 날이 최상의 날이다. 그러나 나중에 깨달은 사실이지만, 내가 매사에 워낙 서두르는 편이다 보니, 다른 사람들은 그걸 일종의 스트레스로 생각하기 쉽다. 결국, 그들은 내가 온종일 모든 걸 조급하게 밀어붙인다고 생각하고, 그래서 스트레스를 받는다. 내 의도는 그런 게 전혀 아니지만, 나로 인해 야기된 긴장감 때문에 그런 뜻밖의 결과들을 보게 되는 것이다.

많이 들어본 말인지 모르겠지만, 당신의 감정과 말들이 다른 사람들에게 어떤 영향을 주는지에 대해 좀 더 신경을 쓰도록 하라. 급한 마음에 동시에 여러 가지 일을 진행할 때는 동료나 친구 또는 가족들이 어찌 받아들일지 생각해보라. 특히 당신이 알고 지내는 사람들 가운데 성격이 느긋한 사람들에게 의도치 않은 스트레스를 주고 있지 않나 잘 생각해보라. 주변에 당신 때문에 스트레스를 받을 만한 사람이 있다면, 그 스트레스를 당신이 직접 나서서 풀어주거나 아니면 적어도 잠깐만이라도 더는 스트레스를 주지 않도록 해야 한다.

매일매일 다른 사람들의 스트레스가 그대로 전염되어 오는 걸 막도록 하라. 당신 자신의 스트레스만으로도 죽을 맛인데, 거기에 당신 동료와 이웃, 그리고 알고 지내는 많은 사람의 스트레스까지 떠맡아서야 하겠는가.

스트레스를 딛고
일어서라

— Chapter 21

당신이 잠재적인 스트레스 요인들에 대해 어떤 식으로 반응
하느냐에 따라, 그것들로 인해 고통을 받을 수도 있고 그렇
지 않을 수도 있다. 어떤 스트레스 요인에 반응할 때, 당신
몸은 그것을 위협으로 간주한다. 그러나 당신이 그 스트레
스 요인을 위협이 아닌 도전으로 볼 경우, 당신의 몸은 전혀
다른 생리학적 반응을 보이게 된다. 어떤 상황을 스트레스
요인으로 보고 반응하면 에너지가 고갈되지만, 도전으로 보
고 반응하면 오히려 에너지가 충만해지게 된다.

이 문제와 관련된 대규모 연구의 하나로, 펜실베이니아주
립대학교 연구팀은 사람들에게 8일 연속 하루 24시간 동안

한 일들을 자세히 알려달라고 했다. 그리고 그 대답을 통해, 매일 왔다 갔다 하는 썰물과 밀물처럼 사람들이 매일 겪는 일들을 살펴볼 수 있었다. 연구팀은 또한 사람들의 타액 샘플을 모아 스트레스 호르몬인 코르티솔의 수치도 측정해보았다. 그런 다음 연구팀은 10년 넘게 환자들의 건강 상태를 추적·관찰했다.

이 연구 결과에 따르면, 매일 스트레스 요인들 때문에 계속 심란해 하며 거기 매달린 사람들은 10년 후 각종 통증과 심혈관 질환 등, 만성적인 건강 문제로 고생할 가능성이 더 컸다. 당시 연구를 이끈 교수 중 하나는 이런 말을 했다.

"우리 연구에 의하면, 당신이 오늘 당신에게 일어나는 일들에 어떻게 반응하느냐 하는 것을 보면 10년 후 어떤 만성 질환을 앓을지를 예견할 수 있습니다. 현재 당신의 건강 상태가 어떤지 또 앞으로 스트레스를 얼마나 받게 될지, 그런 것과는 상관없습니다."

그러나 가장 큰 스트레스 요인들을 재구성해 그 폐해를 최소화시킬 수도 있다. 한 연구팀이 일단의 직장인들에게 스트레스 요인들을 관리하는 간단한 3단계 방법을 가르친 적이 있다. 먼저, 스트레스 요인들이 무언지 확인한다. 그런 다음 그 스트레스 뒤에 숨은 의미를 찾는다. (예를 들어, 내가 어떤 프로젝트 때문에 스트레스를 받고 있는데, 그건 그 프로젝트를 잘해내면 승진을 할 수 있기 때문이다) 마지막으로, 연구팀은 연구에 참여한 직장인들에게 어떻게 하면 스트레스를 이용해 자신이 하는 일에 동기부여를 하고 생산성을 높일 수 있는지를 가르쳐주었다.

그 결과 스트레스가 줄어들었을 뿐 아니라, 업무 효율성도 오르고 육체 건강도 좋아졌다. 연구팀의 일원이었던 숀 아처Shawn Achor는 이렇게 말했다.

"우리가 어떤 행동에서 의미를 떼버린다면, 우리 뇌가 반발할 겁니다."

그러나 당신 스스로 어떤 일을 위협이 아닌 도전으로 본다면, 당신의 뇌는 그 일을 스트레스 요인으로 보지 않고 동기 요인으로 보게 된다.

20년 가까이 인간 행동에 대한 연구를 해왔음에도 불구하고, 나는 늘 '인간이 놀랄 만큼 뛰어난 회복력을 갖고 있다.'는 사실에 감탄을 금치 못한다. 그리고 실제 인간은 매사에 이성적으로 설명이 안 될 만큼 놀라운 회복력을 발휘한다. 배우자와의 이혼에서부터 사랑하는 사람의 죽음에 이르기까지, 인생에서 가장 큰 상처를 남기는 일들에 직면했을 때도 대부분의 사람들은 결국 놀라운 회복력을 발휘한다. 상처를 딛고 일어서는 것이다.

시간은 걸리지만, 사람들은 대개 거의 모든 스트레스 요인을 딛고 다시 일어선다. 다음에 극복 불가능해 보이는 일에 부딪힐 경우, 잊지 말고 꼭 이 점을 상기하도록 하라. 당신은 반드시 다시 일어설 것이다. 그러기까지 시간이 얼마나 걸리나 하는 게 문제지만, 그건 당신의 반응에 따라 길어질 수도 있고 짧아질 수도 있다.

반응하기에 앞서 '잠시 멈춤' 버튼을 눌러라

즉각적이며 극심한 스트레스 요인 앞에서 사람의 본능은 즉각 맞서 싸우라고 속삭인다. 인류의 옛 조상들 경우에는 야생 동물로부터 공격을 받을 때 즉각 맞서 싸워야 했겠지만, 오늘날에는 실제 육체적으로 공격을 당하는 경우가 아닌 한 그렇게 하는 게 도움이 안 된다. 물론 요즘에는 첨단기술 때문에 즉각 반응했다가 스트레스 요인을 더 악화시키는 경우가 많아졌다. 내 경우에는 이메일을 받으면 대개 아주 간결한 어조로 워낙 빨리 답장을 해 상황을 악화시키는 일이 많고, 그래서 뒤늦게 후회하는 일도 많다.

심리적인 스트레스 요인에 맞닥뜨릴 때는 마음속으로 일시 정지 버튼을 누르는 것이 도움된다. 특히 어떤 일이 당신 마음을 세차게 뒤흔들고 심장 고동을 빨라지게 하고 호흡을 거칠게 만들 경우, 첫 마디를 내뱉거나 타이핑하기에 앞서 한발 뒤로 물러나 잠시 생각을 해보는 게 좋다.

컴퓨터나 스마트폰의 화면에서 뭔가를 읽고 심한 스트레스를 받을 경우에도 한발 뒤로 물러나 잠시 다른 데로 관심을 돌리는 게 좋다. 예를 들어 줄을 서 있는데 누군가 당신 앞으로 새치기하는 등, 당신 가까이에 있는 누군가가 스트레스를 줄 경우, 어떻게든 성급한 반응을 보이지 않도록 하라. 그래 봐야 상황만 더 악화할 뿐이고, 주변 사람들에게 당신이 자기감정 하나 통제 못 하는 사람이라는 걸 광고하는 꼴일 뿐이다. 상황이 아무리 안 좋더라도, 잠시 생각할 시간을 갖고 그런 다음 이성적인 대화를 하도록 하라. 그러다 보면 어떤 상황에서든 잠시 생각을 하게 될 것이고, 그 결과 인간관계를 더 원만하게 유지할 방법을 찾아내게 될 것이다.

웃는 얼굴로 참아 넘겨라

거짓된 웃음이든 강요된 웃음이든, 웃음은 간단한 스트레스 요인들을 극복하는 데 도움을 준다. 나는 사실 이런 생각에 동의하지 않았었다. 그런데 한 연구팀이 사람들의 얼굴 근육을 웃는 것처럼 만들자, 놀랍게도 실제 그 효과가 나타났다. 연구팀은 몇몇 사람들에게는 이빨 사이에 나무젓가락을 물려 얼굴 근육이 웃는 것처럼 보이는 훈련을 하게 만들었고, 또 몇몇 사람에게는 그냥 무표정하게 있게 했다. 웃는 훈련을 한 사람들은 웃을 일이 없는데도 순전히 얼굴 근육을 이용해 웃는 표정을 지어야 했다.

그런 다음 연구팀은 실험 참여자들에게 스트레스가 쌓일 만한 여러 가지 활동을 하게 했는데, 그러자 앞서 웃는 훈련을 한 사람들이 스트레스 요인들에 더 나은 반응을 보였다. 무표정한 표정으로 있었던 사람들보다 심장박동 수도 더 낮게 나오고 스트레스도 덜 받은 것이다. 이 연구는 웃음이라는 간단한 행동(설사 그 웃음이 실제 행복해서 나오는 웃음이 아니더라도) 하나가 인체의 스트레스 반응 강도를 떨어뜨릴 수 있다는 걸 잘 보여준다.

이 실험을 이끈 연구원 중 한 사람인 사라 프레스먼Sarah

Pressman은 이런 말을 했다.

"다음에 교통이 심하게 막히거나 스트레스 쌓이는 다른 일이 있을 때, 잠시 얼굴에 살짝 미소를 띠어보십시오. 결국, 활짝 웃으면서 심리적으로 잘 참게 될 뿐 아니라, 실제 심장 건강에도 좋은 영향을 주게 됩니다."

또 다른 연구팀이 우울증을 앓는 환자들과 웃음의 관계에 대해 연구했다. 연구팀은 2014년에 행해진 실험의 하나로, 74명의 우울증 환자들에게 양미간 사이의 '눈살 근육'에 보톡스 주사를 놓든가 아니면 위약(僞藥)으로 식염수를 마시게 했다. 그로부터 6주 후, 위약을 마신 사람들은 우울증이 15퍼센트 완화되는데 비해, 눈살 근육에 보톡스 주사를 맞아 인상을 쓸 수 없게 된 사람들은 우울증이 52퍼센트나 완화됐다.

다음에 심한 스트레스를 받는 사람을 상대할 때는 이 같은 사실을 꼭 염두에 두도록 하라. 그러니까 덩달아 스트레스를 받을 게 아니라, 억지로라도 웃어 스트레스를 날려버려라. 괜히 같이 스트레스를 받아 상황을 악화시키는 게 아니라, 당신 자신의 몸과 마음을 살짝 속여 더 나은 상황을 만드는 것이다.

Chapter 16

무엇보다 먼저 당신의 건강을 챙겨라

요점: 잘 먹고 많이 움직이고 잠을 잘 잘 때, 다른 사람들을 위해 더 많은 일을 할 수 있다.

■ 당신은 할 일이 많은 하루 중에 얼마나 자주 당신 자신의 건강을 먼저 챙기는가?

■ 당신은 건강을 위한 소소한 일들을 당신 자신의 일상생활 안에 끼워 넣기 위해 무엇을 할 수 있겠는가?

■ 당신은 잘 먹고 많이 움직이고 잠을 잘 잔 날에 기분과 에너지 수준, 대인관계, 그리고 생산성에 어떤 변화를 느끼는가?

Chapter 17

하루하루를 잘 지내려면 잘 먹어라

요점: 잘 먹으려면, 무엇보다 먼저 더 건강에 좋은 음식들을 정하고 평소 먹는 것 하나하나에 신경을 써야 한다.

■ 당신이 평소 즐기는 건강식의 중요한 요소들은 무엇인가? 그리고 그런 요소들을 당신의 일상생활 속에 더 많이 끼워 넣으려면 어떻게 해야 하겠는가?

■ 당신이 하루하루 가장 즐겨 먹는 간식은 무엇인가? 그리고 평소 건강에 좋은 간식들을 더 많이 먹기 위해 어떤 일을 할 수 있겠는가?

■ 어떤 음식들이 다른 음식들보다 당신의 기분과 에너지에 더 많은 영향을 주는 것 같은가? 그리고 어떻게 하면 에너지를 주는 음식들을 더 많이 먹을 수 있겠는가?

Chapter 18

뛰기 전에 먼저 걷는 걸 배워라

요점: 당신의 건강과 행복을 위해서는 매일 조금이라도 더 많이 움직이는 것이 가장 중요하다. 게다가 더 많이 움직일수록, 기분도 더 좋다.

- 일반적인 평일 날, 얼마나 많은 시간을 앉아서 보내는가? 먹는 시간, 출퇴근하는 시간, 일하는 시간, 다른 사람들과 미팅을 갖는 시간, 사람들과 교제하는 시간, 텔레비전을 시청하는 시간, 컴퓨터 앞에 앉아 있는 시간 등등, 앉아서 보내는 시간들을 다 더해보라. 어떻게 하면 그 시간을 적어도 하루에 한 시간 정도 줄일 수 있겠는가?

■ 평소에 좀 더 많이 움직이기 위해 오늘부터라도 당장 시
  작할 수 있는 일 한 가지는 무엇이겠는가?

■ 잊지 않고 적어도 한 시간마다 한두 번씩 자리에서 일어나
  휴식을 취하려면 어떻게 해야 하겠는가? 그 휴식이라는 것
  이 자리에서 일어나 단 30초간 스트레칭을 하는 것이라도
  좋다.

Chapter 19

더 많은 걸 이루려면 더 많은 잠을 자라

요점: 잠자는 데 보내는 한 시간 한 시간은 비용이 아니라 미래를 위한 투자이다.

■ 당신은 어느 정도 잠을 자야 푹 쉬었다는 느낌이 드는가?
  그리고 또 당신은 얼마나 자주 하루 종일 푹 쉰 효과가
  느껴질 만큼 충분한 잠을 자는가?

■ 어떻게 하면 당신 가족과 직장 동료, 그리고 알고 지내는 다른 모든 사람들로 하여금 잠을 소중히 여기고 충분한 수면을 최우선 목표로 정하게 할 수 있겠는가? 그러니까 당신 주변의 사람들로 하여금 숙면을 취해 에너지 넘치는 삶을 살도록 해주기 위해 당신이 할 수 있는 일이 무엇인 가?

■ 밤새 잠을 더 잘 자기 위해 당신의 침실에 어떤 조그만 변 화를 줄 수 있겠는가?

Chapter 20

스트레스를 풀려면 잘 먹고 많이 움직이고 잘 자라

요점: 매일매일 꾸준히 움직이면, 만성적인 스트레스가 쌓여 더 큰 해를 입는 일을 피할 수 있다.

■ 건강의 세 요소인 먹고 움직이고 자는 일 중에 어느 한 가지에만 신경 써선 안 된다. 매일매일 그 세 가지를 다 잘하려면 어떻게 해야 하겠는가?

■ 일시적인 스트레스 요인들보다는 만성적인 스트레스 요인들이 더 큰 문제이다. 만성적인 스트레스에 빠지지 않으려면, 하루하루를 어떻게 살아가야 할까?

■ 당신의 삶에 과도하게 많은 스트레스를 안겨주는 사람들이 있는가? 만일 그렇다면, 어떻게 하면 그들과 함께하는 시간을 줄여 간접적인 스트레스를 줄일 수 있겠는가?

Chapter 21

스트레스를 딛고 일어서라

요점: 잠재적인 스트레스 요인에 대한 당신의 반응이 스트레스 그 자체보다 더 중요하다.

■ 오늘 당신을 괴롭힌 한 가지 작은 스트레스 요인을 찾아 보라. 상황을 어떤 식으로 바꾸어야, 스트레스를 줄이고 새로운 동기 부여를 할 수 있겠는가?

■ 다음에 즉각적이거나 심각한 스트레스 요인에 부딪힐 때, 어떻게 하면 온라인상에서 또는 직접 마주한 상황에서 성급한 반응을 하기에 앞서 마음속으로 '일시 정지' 버튼을 누를 수 있겠는가?

■ 그간 살아오면서 중대한 도전에 직면해 가장 잘 극복한 경우는 어떤 경우인가? 그리고 그 경험에서 어떤 교훈을 얻어, 이후 큰 스트레스에 부딪혔을 때 그 스트레스를 더 의미 있는 도전으로 바꿀 수 있었는가?

긍정적인 기운을 만들어내라

시간을 가장 잘 활용하는 방법은 성장하는 것에 투자하는 것이다. 예를 들어 당신이 다른 사람의 하루에 긍정적인 기운을 불어넣을 경우, 그 사람이 다시 다른 사람의 하루에 긍정적인 기운을 불어넣게 되어, 긍정적인 기운이 계속 성장하게 된다. 당신이 다른 사람의 성장을 위해 시간을 투자할 경우, 그 결과를 직접 볼 수는 없지만, 인간관계로 얽히고설킨 사람들 모두의 행복을 높여주게 되는 것이다. 물론 당신이 성장하는 데도 도움이 된다.

사람은 비슷한 문제를 안고 있는 다른 사람을 도와줄 때, 자기 자신의 문제를 훨씬 더 잘 해결할 수 있게 된다. 알코올 연구와 관련된 최대 규모의 임상 시험들 가운데 한 시험에 따르면, 다른 알코올 중독자들이 알코올 중독에서 벗어나는 걸 돕는 알코올 중독자들은 치료 이후 술을 끊을 가능성이 40퍼센트였다. 반면에 다른 알코올 중독자를 돕지 않는 알코올 중독자들이 술을 마시지 않고 맨정신으로 지낼 가능성은 22퍼센트였다. 비슷한 문제를 안고 있는 누군가를 돕는 것이 성공률을 거의 두 배나 높인 것이다. 그 뒤에 이어진 후속 연구에 의하면, 다른 알코올 중독자들을 돕는 알코올 중독자들의 94퍼센트가 우울증을 앓을 가능성도 더 낮았다고 한다.

수백 명의 대학생을 상대로 시행한 일련의 연구들에 따르면, 사람들은 또 자기 자신의 문제를 해결하는 것보다는 다른 사람이 안고 있는 같은 문제를 해결하는 데 훨씬 더 능하다. 아마 사람은 선천적으로 완전한 타인들에 대해서까지 선하고 의미 있는 일을 하게끔 되어 있는 모양이다.

당신의 가장 소중한 자원들을 나눠 가져라

다른 사람들을 위해 시간을 쓸 경우, 자신을 위해 시간을 쓸 때보다 그 보상이 훨씬 더 크다. 당신이 당신의 경제적 부를 어떻게 쓸 것인가 하는 데에도 똑같은 원칙들이 적용된다. 돈으로 당시 자신을 위해 뭔가를 사는 것보다는 남들을 위해 뭔가를 주는 것이 당신을 위해서도 더 좋은 것이다. 반가운 소식은, 주는 행위에서 행복을 찾는 데는 굳이 많은 돈이 필요치 않다는 것이다. 필요한 건 그저 약간의 노력뿐이다.

많은 연구를 통해 알게 된 가장 중요한 사실은 이런 것이다. 주는 행위는 여러 면에서 사람을 더 행복하게 만든다. 경제학자 아서 브룩스Arthur Brooks가 미국 전역 41개 지역 사회의 3만 가구에서 수집한 하버드대학교의 자료를 분석한 결과에 따르면, 자선 단체에 돈을 기부하는 사람들은 역설적이게도 이후에 더 많은 부를 축적하게 된다고 한다. 브리검영대학교(BYU)에서 행한 한 연설에서 아서 브룩스는 이렇게 말했다.

"모든 면에서 똑같은 가정이 둘 있다고 가정해봅시다. 종교도 같고 인종도 같고 자녀 숫자도 같고 사는 도시도 같고 교육 수준도 같고, 그야말로 모든 게 다 똑같습니다. 다른 게 있다면 단 하나, 한 가정에선 다른 가정보다 자선 단체에 연간 100달러를 더 기부합니다. 그런데 100달러를 더 기부하는 가정이 연간 평균 375달러를 더 법니다. 그것이 기부 행위에서 비롯되는 통계학적 결과입니다."

다른 사람들에게 주는 1달러가 나중에 3.75달러의 소득으로 되돌아오는 것이다. 아서 브룩스는 이런 효과가 비단 돈뿐 아니라 다른 것들에도 적용된다는 사실도 알아냈다. 그러니까 예를 들어 시간을 내 자원봉사를 하거나 헌혈을 하는 사람들 역시 미래에 더 많은 소득이 생기게 된다는 것이다.

주는 행위에 대한 연구와 관련해 가장 흥미로운 사실은 그런 현상은 부유한 국가와 가난한 국가를 초월해 전 세계적으로 나타나는 보편적인 현상이라는 것이다. 한 연구팀이 전 세계 136개국에 사는 20만 명 이상의 사람들에게서 얻은 자료를 분석한 바에 따르면, 자선 단체에 기부를 하는 행위는 세계 어느 곳에서든 사람들을 더 행복하게 만들었다고 한다. 그러니까 자선 단체에 기부를 하는 행위는 자기 가족이 먹고 살 음식을 확보하는 것조차 힘든 지역의 사람들까지도 더 행복하게 만든 것이다.

연구팀은 캐나다와 남아프리카공화국 등, 전혀 다른 세계의 여러 지역을 비교 분석했는데, 어느 지역의 사람들이든 열이면 열 모두 자신을 위해 뭔가를 살 때보다는 자선 단체에 기부할 때 더 큰 행복감을 느꼈다. 자신이 한 기부의 수혜자를 만나볼 기회조차 없어도 그랬다. 그래서 연구팀은 사람들이 기부를 하는 것은 단순히 직접적인 만족감이나 사회적 관계를 위해서가 아니라는 결론을 내렸다. 그러니까 사람들이 이타적인 행동을 할 때 더 큰 행복감을 느끼는 것은 사람들의 천성 깊이 뿌리 내리고 있는 그 무언가 때문이라는 것이다.

보다 나은 삶을 살고 싶다면 선한 일을 하라

당신이 삶에 뭔가 변화를 줄 수 있는 날들은 그 수가 한정되어 있다. 이는 모든 사람에게 주어진 몇 안 되는 확실한 사실들 가운데 하나이며 아주 큰 동기이기도 하다. 그러니 당신 힘닿는 대로 이 세상을 위해 좋은 일들을 많이 하도록 하라. 주어진 시간을 어찌 쓸 것인지를 결정하는 건 전적으로 당신 몫이다. 그걸 염두에 두고 매일 가장 중요한 일을 하는 데 전력투구하도록 하라.

오늘 가장 중요한 일을 하지 못하면, 나중에 배우자나 아이들과 좀 더 많은 시간을 보내지 못한 걸 후회하게 될 수도 있다. 여러 해 전에 떠올랐던 어떤 아이디어를 실현해보지 못한 걸 후회할 수도 있다. 다행인 것은 당신에겐 오늘 이 세상에 긍정적인 기운을 불어넣어 줄 시간이 있다는 것이다.

의미를 만들어내는 일부터 시작하라. 또한, 인간관계를 돈독히 하는 데 필요한 일에 시간과 노력을 투자하라. 그리고 최선을 다하기 위해 늘 에너지를 확보하도록 하라. 이 세 가지를 적절히 잘하면, 당신 스스로 에너지로 충만할 수 있고 주변 사람들에게 긍정적인 기운을 불어넣어 줄 수 있다.